W0210270

La tragique épopée de
Raoul de Cambrai

Jean-Pierre Tusseau

La tragique épopée de Raoul de Cambrai

Médium poche
11, rue de Sèvres, Paris 6e

© 1991, l'école des loisirs, Paris
Composition : Sereg, Paris (Bembo 13/15)
Loi n° 49956 du 16 juillet 1949 sur les publications
destinées à la jeunesse : janvier 1991
Dépôt légal : mai 1993
Imprimé en France par SEPC à Saint-Amand-Montrond
En mai 1993 - N° d'imp. : 1449 - N° d'édit. : 9490

PRESENTATION

La tragique épopée de Raoul de Cambrai est une chanson de geste d'une cruauté qui peut paraître d'autant plus choquante que l'actualité littéraire a habitué le public non averti à une vision plus douillette du Moyen Age, à l'ombre calfeutrée de la «chambre des dames».

De cette chanson dont l'essentiel est bien localisé dans le Nord de la France, les Sarrasins et leurs pays sont totalement absents. Il ne s'agit pas d'agrandir le domaine royal en conquérant les terres du Midi, ni de servir la chrétienté en convertissant de force les infidèles. La lutte que livre le personnage central, Raoul de Cambrai, l'oppose à d'autres seigneurs voisins et au roi de France. Elle est si violente qu'avant la bataille d'Origny, le jongleur interrompt la chanson pour avertir son auditoire.

> «Jamais il n'y eut de guerre aussi effrayante et impitoyable. Jamais récit de bataille ne fut aussi insoutenable.»

Relativisons. L'histoire n'est pas plus violente que bon nombre de westerns ni que la plupart des séries télévisées nippo-américaines du soir ou du mercredi, moins sans doute que bon nombre de récits ou de films évoquant les guerres récentes (14-18, 39-45, Vietnam, Iran-Irak...), certainement moins que leur réalité historique effective.

Le nombre de têtes séparées du buste, de poings coupés, de corps transpercés par les lances nous rappelle, tout comme le fait en images la bande inférieure de la tapisserie de Bayeux, les conditions de la guerre médiévale. On ne se tue pas à distance en appuyant sur un bouton, ni même sur une gâchette. On se bat d'homme à homme, au corps à corps, à la lance ou à l'épée.

Si la violence de cette chanson de geste semble insoutenable c'est surtout parce qu'elle est vraie, individuelle, à l'échelle humaine. Les victimes ne sont pas des monstres lointains, abstraits ou conventionnels, des Sarrasins, païens, hérétiques, ni même étrangers. La guerre est une guerre civile. Les victimes sont des semblables, des seigneurs voisins, des proches du héros, du jongleur, de son public.

De plus, au lieu de s'effondrer par milliers dans l'anonymat d'une vaste fresque, comme les Indiens des westerns ou les Sarrasins de la plupart des chansons, les blessés sont bien individualisés, ont le temps de souffrir et de se plaindre de leurs blessures avant de mourir. On y croit. Ils nous émeuvent. Ils nous touchent d'autant plus que nous sommes ensuite témoins de la détresse de la fiancée (Héloïse), de la femme (Béatrice), de la mère (Alaïs) ou du père (Gerri, Ybert) des victimes et partageons leur douleur.

Il ne faudrait surtout pas voir dans cette chanson un hymne à la violence. Le texte évoque au contraire une série d'occasions manquées de rétablir la paix.

Il n'est pas facile d'être pacifiste dans un pays où l'extravagance du budget militaire fait l'objet d'un consensus national, il était moins facile encore, voire inconcevable, d'être un homme de paix sans manquer à l'honneur ou aux obligations du monde féodal. On sent qu'il suffirait de peu de choses à certains moments pour éviter la rupture irrémédiable et définitive entre Raoul et Bernier. Seules, les contraintes sociales, l'obligation de la *faide*, du devoir de vengeance, interdisent l'instauration d'une véritable amitié entre Bernier et Gautier. Ils sont les instruments et les victimes d'une obligation qui les dépasse. « Ce sont les vieux qui animent et soutiennent la vendetta, les jeunes qui en pâtissent ».[1]

Le personnage central, Raoul de Cambrai, dépossédé par caprice royal d'un fief qui devrait lui revenir en légitime héritage, déclenche une guerre qui met à feu et à sang le Vermandois.

En fait, comme le rappellent les seigneurs de Cambrai et de Saint-Quentin une fois la paix rétablie, le premier coupable, l'initiateur du conflit, n'est pas Raoul mais « ce souverain de malheur » qui l'a privé du fief paternel. La contrainte de l'honneur impose ensuite à Raoul de faire respecter la promesse du roi. Voulant réparer sa première

1. P. Matarasso, *Recherches historiques et littéraires sur Raoul de Cambrai*, p. 141.

faute, le souverain en commet une seconde en accordant inconsidérément à Raoul le premier fief devenu vacant, quel qu'en soit le prix.

Le jongleur a donné à Raoul une personnalité complexe. Auteur de crimes, il est aussi victime du roi et de la logique implacable d'un système de contraintes. L'affection d'une mère, l'amour d'une fiancée, le compagnonnage d'un oncle, tous trois inoubliables, nous rappellent sans cesse la dimension humaine du personnage et tempèrent tout ce que Raoul peut avoir d'excessif. C'est cependant cette dimension qui en fait un héros véritablement épique, ce que ne sont ni Bernier ni Gautier.

Les recherchistes de Maurice Druon se sont souvenus de l'histoire de ce seigneur commettant les pires excès pour faire respecter son honneur et son droit lorsqu'ils ont fait de Robert d'Artois le personnage central des *Rois maudits*. Privé de son héritage par sa tante Mahaut, il complote, pille, assassine, prend les armes et finalement devient l'un des instigateurs de la guerre de Cent Ans. Raoul de Cambrai qui tente désespérément de se tailler, à la force de l'épée, un fief dans la même région, l'avait précédé de plusieurs siècles.

Là où le jongleur ne décrit qu'un geste significatif, qu'une attitude révélatrice, le romancier contemporain dispose, pour évoquer la complexité des sentiments de son héros, ses déchirements intérieurs, d'un vocabulaire lui permettant toute une gamme de nuances.

Si de nombreuses scènes de bataille peuvent sembler répétitives au lecteur moderne, il faut bien comprendre qu'elles ne sont pas moins variées que les diverses phases des 90 minutes d'un match de football qui se résument en quelques passes, touches, feintes, tacles, tirs, arrêts et buts. Seuls les noms des joueurs et la couleur des maillots changent d'un match à l'autre. L'amateur averti y voit bien évidemment tout autre chose. Le public médiéval prenait le même intérêt passionné aux récits de batailles et combats singuliers que le spectateur moderne devant son téléviseur.

Nous avons gardé tout au long de notre adaptation le passage du passé au présent qui n'avait pas manqué de surprendre certains lecteurs de *Guillaume d'Orange*.

Si l'on évite aujourd'hui les heurts trop violents de temps et qu'on s'oblige à choisir entre l'emploi du passé et du présent historique ou de narration, le vieux français ne connaît pas cette délicatesse. «Le présent de l'indicatif, le passé indéfini et le passé défini sont employés concurremment dans la narration, sans qu'on puisse le plus souvent relever entre ces temps de différence appréciable[1].» Le présent «peut équivaloir au passé simple pour enregistrer un épisode du récit.[2]»

Il est cependant possible d'apporter quelques précisions. «On commence d'ordinaire par les passés indéfinis; puis quand le récit est long et que les circonstances se multiplient, on se fatigue de tous ces auxiliaires encombrants et on passe au présent.[3]»

Outre l'allègement qu'apporte le présent par rapport au passé composé ou au passé simple, le passage au présent nous semble valoriser l'action en l'actualisant et correspond au «désir esthétique de mise en relief des événements et de recherche de la plus grande intensité dramatique[4]».

Ainsi averti, le lecteur moderne devrait pouvoir s'aventurer sans risque de contresens dans la rude authenticité de l'univers du Moyen Age épique à travers ce texte étonnamment moderne dans la forme. Indications de décor sans véritable des-

1. L. Foulet, *Petite syntaxe de l'ancien français*, Paris, Chamion, 2e édit. 1965, p. 218.

2. G. Raynaud de Lage, *Introduction à l'ancien français*, Paris, SEDES, 6e édit. 1968, p. 121.

3. L. Foulet, *Op. cit.*, p. 219.

4. Ph. Ménard, *Syntaxe de l'ancien français*, Bordeaux, éd. Bière, 3e édit. 1988, p. 320.

cription, mention d'une attitude ou d'un geste révélateurs de l'état d'esprit du personnage, richesse, vivacité et variété du dialogue, il suffirait d'un minime effort d'adaptation pour tirer de cette chanson de geste un véritable scénario de film.

I
LA JEUNESSE DE RAOUL DE CAMBRAI

La naissance de Raoul

Voulez-vous entendre une histoire comme encore aucun jongleur n'a contée ? C'est l'histoire merveilleuse et cruelle de Raoul de Cambrai, le fils du comte Taillefer qui possédait le Cambrésis : un grand seigneur, farouche, impitoyable et valeureux au combat, qui livra maintes batailles aux fils d'Herbert de Vermandois avant d'être tué par Bernier. Personne ne vous l'a chantée. Approchez-vous. Faites silence et écoutez bien.

Le comte Raoul qu'on surnommait Taillefer à cause de sa force et de la rudesse de ses coups avait loyalement servi l'empereur de France. Pour l'en remercier, Louis, son seigneur légitime, l'avait investi du fief de Cambrésis et lui avait donné en mariage sa sœur, la très belle Alaïs.

Pendant plusieurs années, Raoul demeura fidèlement au service du roi Louis, résidant plus souvent à la cour qu'en son fief. Ses cheveux et sa barbe étaient déjà bien blancs lorsqu'il plut à Dieu de lui faire quitter ce monde. On l'ensevelit à Cambrai dans l'église Saint-Géry.

Dame Alaïs, la noble épouse au beau visage et au corps bien fait, en ressentit une douleur d'autant plus grande qu'elle s'apprêtait alors à mettre au monde un enfant de son défunt mari.

Les barons se réjouirent fort au jour de la naissance :

– Le seigneur Taillefer est mort, disaient-ils, mais, par bonheur, sa veuve vient d'enfanter un garçon qui assurera la continuité du lignage.

Cette joie fut hélas de courte durée !

Dame Alaïs enveloppa le nouveau-né dans une fourrure et, accompagnée des barons Thibaut et Acelin, elle se rendit jusqu'à Beauvais où l'évêque Guion, son cousin, baptisa l'enfant. En mémoire du comte Taillefer, on le prénomma Raoul, Raoul de Cambrai. Sa mère veilla ensuite à ce qu'il fût élevé et éduqué noblement comme il convient à l'héritier d'un grand seigneur.

Un cadeau empoisonné

Ecoutez maintenant quelles peines et quelles misères la mère et l'enfant durent souffrir à cause d'une longue, très longue guerre qui mit à feu et à sang le Vermandois.

Le roi de France avait à son service un chevalier nommé Gibouin dont les prouesses avaient fait parmi ses ennemis bon nombre de veuves et plus encore d'orphelins. Pour le récompenser de son service mais aussi des flatteries dont il était expert, le roi eut un jour l'idée funeste de lui confier le fief de Cambrésis.

– Approche, Gibouin. Je vais te faire un grand honneur. Je n'ai certes pas l'intention de déshériter Raoul, mon neveu, mais l'enfant est bien jeune. Garde son fief jusqu'à ce qu'il soit en âge de porter les armes. Je lui laisse la cité de Cambrai, mais je te confie le reste de ses terres avec les revenus et droits qui s'y attachent.

– Seigneur, demanda l'exigeant Gibouin, accordez-moi aussi la veuve en mariage.

C'est ainsi que le roi commit ce jour-là, en plus de la folie que je vous ai contée, une bien grande inconvenance : il envoya un messager à Cambrai porter la funeste nouvelle et la demande en mariage à sa sœur Alaïs.

Quand elle eut connaissance du message, celle-ci baissa la tête et se mit à pleurer.

– Jamais, soupira-t-elle en guise de refus, un mâtin grossier comme ce Gibouin de malheur ne pourra remplacer un lévrier de pure race !

La colère de Gerri le Roux

Dès qu'il eut connaissance de la décision que venait de prendre le roi Louis, le comte Gerri le Roux, frère du défunt comte Taillefer, se rendit jusqu'à Paris, au palais, et s'adressa au roi avec beaucoup de fermeté.

– Seigneur, voulez-vous profiter de la jeunesse et de la faiblesse de mon neveu pour le priver de son héritage ? Je vous donne ma parole qu'avant que le Manceau Gibouin puisse s'emparer du Cambrésis mille chevaliers trouveront la mort et lui-même, votre protégé, aura la tête tranchée. Vous, seigneur, vous méritez d'être blâmé pour avoir agi d'une manière aussi insensée. Auriez-vous oublié que mon neveu Raoul est aussi le vôtre ?

– Le don est fait, dit le roi. Il m'est impossible de revenir sur la parole donnée.

Alors, Gerri, en proie à la colère, ayant compris qu'il était inutile de s'attarder davantage, s'en alla sans même saluer le souverain, contrairement à tous les usages. Il appela les chevaliers de sa suite :

– En selle, mes amis, et soyez prêts à souffrir car, par Dieu, je ne ferai pas défaut à mon neveu Raoul de Cambrai, quel que soit le prix qu'il m'en coûte !

La troupe se hâta de chevaucher jusqu'à Cambrai. Là, Gerri fit à dame Alaïs le récit de sa démarche. Il l'assura de sa fidélité et maudit le roi et le Manceau qui voulaient déshériter Raoul.

– Par Dieu, mon neveu, dit-il à l'enfant qu'il avait pris dans ses bras, tu es bien petit pour défendre cette terre dont on veut te déposséder !

– Mon oncle, répondit l'enfant, laissez cela pour le moment. Donnez-moi le temps de grandir. Dès que j'aurai l'âge et la force de monter à cheval et de porter les armes, je saurai bien la reconquérir. Je vous le promets.

L'adoubement de Raoul

Plusieurs années se sont écoulées. L'enfant Raoul avait alors quinze ans. Il était beau, grand, fort, bien bâti et, de plus, bien éduqué. Tous, marquis et barons, avaient pour lui la plus grande estime et beaucoup d'amitié.

Le voyant en âge de porter les armes, dame Alaïs fit venir ses barons et leur demanda d'accompagner son fils à Paris où le roi Louis tenait sa cour.

L'empereur fit bel accueil à son neveu et l'adouba chevalier. Il le coiffa lui-même d'un heaume qu'aucune arme ne pouvait entamer, conquis par le preux Roland sur un roi sarrasin. Il lui ceignit au côté une lourde et solide épée au pommeau et à la poignée tout en or, à laquelle aucune autre, excepté Durendal, ne pouvait être comparée. Ces armes hors du commun convenaient parfaitement bien à Raoul qui aurait pu devenir le plus beau et le meilleur de tous les chevaliers si sa démesure n'avait causé sa perte.

Le roi lui offrit aussi un bon destrier rapide recouvert d'un caparaçon richement brodé d'or et à la selle merveilleusement ouvragée.

Lorsque Raoul enfourcha sa monture, empoigna son écu orné de bandes d'or et brandit sa lance à l'extrémité de laquelle flottait une enseigne fixée par cinq clous d'or, les Français qui le regardaient ne purent s'empêcher de s'exclamer :

– Voici un fort beau chevalier. Pour sûr, il saura bien reconquérir le fief de son père !

Le roi ne voulut pas que son neveu retourne à Cambrai. Il l'a gardé auprès de lui et l'a traité en parent et en ami. En reconnaissance de ses services, il le nomma sénéchal de France.

Le Manceau Gibouin qui avait reçu le Cambrésis prit quelque ombrage de cette affection, craignant pour lui-même. De son côté, poussé par Gerri le Roux, Raoul haïssait profondément celui qui l'avait dépossédé de son héritage.

A la cour, Raoul avait pour inséparable compagnon Bernier, fils bâtard du noble comte Ybert de Ribemont. Une profonde amitié les unissait depuis l'enfance et Raoul avait souhaité que ce robuste jeune homme l'accompagne à Paris pour devenir son écuyer.

Un an plus tard, le jour de la Pentecôte, à l'occasion d'une grande assemblée que tenait le roi, Raoul voulut procéder à l'adoubement de son compagnon. Ce fut une bien funeste décision. Il aurait mieux fait ce jour-là de lui trancher la tête car je vous apprendrai plus tard comment Bernier tuera son seigneur.

Les barons assemblés sur la grande place échangeaient sur le compte du jeune bachelier les propos les plus élogieux, à la grande joie de Raoul qui lui avait généreusement fourni tout son équipement : heaume, haubert, épée et lance.

A peine adoubé, le nouveau chevalier avait hâte de prouver son adresse. Il enfourcha son destrier, prit son élan et alla frapper à la quintaine. Jamais bâtard n'avait donné un aussi beau coup : il a troué les deux écus, démaillé les hauberts et même traversé l'un des pieux de sa lance. De tous les côtés s'élèvent des cris d'admiration. Toutes les dames le regardent avec ravissement.

Revenu devant les barons assemblés, Bernier descend de cheval et va s'agenouiller devant Raoul.

– Seigneur, dit-il, vous m'avez fait aujourd'hui

un don magnifique. Je suis votre homme lige. Jamais on ne me reprochera, ni à mes héritiers, d'avoir commis la moindre trahison envers vous. Mais, je vous conjure, par Dieu, de ne jamais chercher querelle à mon père ni à ma famille.

Raoul a écouté Bernier sans répondre, la tête baissée, l'air songeur et grave, puis il s'est levé et, sans dire un mot, a regagné son hôtel escorté de sa nombreuse suite de nobles barons.

Les autres se sont dirigés vers le palais royal où vient d'arriver le redoutable Gerri, oncle de Raoul Il est venu d'Arras revendiquer pour son neveu un don qui provoquera la mort de bien des chevaliers comme vous allez pouvoir bientôt l'entendre.

Le mortel accord

Ce jour-là, tout a commencé lorsque Gerri le Roux, venu d'Arras, est entré directement dans la grande salle du palais et, sans ambages, s'est adressé au roi en ces termes :

– Seigneur, c'est en pure perte que mon neveu s'est dépensé si longtemps à votre service. Il est grand temps que vous lui rendiez le Cambrésis et tout l'héritage de son père Raoul Taillefer.

– Je ne le peux pas, répondit le roi. Même si je dois aujourd'hui m'en repentir, j'ai accordé cette terre au Manceau Gibouin.

– Nous voilà bien maltraités par notre souverain ! Ce fief, je le revendique haut et fort au nom de Raoul.

Sur ces mots, sans plus de cérémonie, Gerri quitte aussitôt le palais et s'en va quérir son neveu Raoul qu'il trouve à son hôtel en train de jouer aux échecs, comme si de rien n'était. Emporté par la colère devant tant d'insouciance, Gerri l'empoigne si violemment par le bras qu'il lui déchire le peliçon.

– Enfant indigne, sans conscience et sans honneur ! Comment peux-tu jouer ainsi alors que tu ne possèdes même pas assez de terre pour faire paître ton cheval et que le roi que tu as loyalement servi te considère comme moins que rien ?

A ces mots, Raoul, piqué au vif, s'est levé d'un bond. Il comprend qu'il est temps de faire reconnaître son droit. Accompagné de deux fidèles chevaliers qui étaient déjà au service de son père, de l'écuyer Bernier et de Gerri, tous prêts à l'assister, il se rend jusqu'à la grande salle du palais où se trouve le roi.

– Empereur légitime, j'ai porté les armes pour votre service et vous ne m'avez rien donné. Je revendique la terre de mon père qui me revient de droit.

– C'est impossible. Je l'ai accordée au Manceau et je lui ai donné mon gant en gage de ma parole.

– Puisque c'est ainsi, s'écrie Gerri, je prendrai les armes contre ce Manceau flatteur qui a si bien su vous séduire. Et toi, mon beau neveu, si tu n'entreprends pas dès aujourd'hui la reconquête de la terre qui doit te revenir, tu ne seras plus digne que nous te portions assistance.

Alors Raoul s'avance et dit à voix haute et claire :

– Empereur légitime, je l'affirme devant vous et devant tous, le fief du père doit légitimement revenir à son fils. Vous voyez bien que tout le monde me blâmera si je tolère plus longtemps que ma terre demeure la propriété d'un autre homme. C'est une question d'honneur. Je tuerai ce Manceau, j'en fais le serment.

Le roi réfléchit en silence mais le Manceau qui jouait à une table dans la salle voisine, averti par l'un de ses compagnons, est à son tour venu défendre sa cause devant le souverain.

– Légitime empereur, on me traite bien mal ! Vous m'avez autrefois donné le Cambrésis. Allez-vous à présent me garantir ce don que veut me disputer ce jeune homme bien arrogant ? Personne n'osera prendre mon parti contre Raoul qui est votre neveu ni contre son oncle Gerri. Si vous me reprenez ce fief alors que je vous ai loyalement servi, je m'en irai d'ici sur mon destrier, aussi pauvre que je vins à vous et tout le monde pourra voir comment vous récompensez vos fidèles et loyaux serviteurs.

Touché par ces propos de beau parleur, le roi dit à Raoul :

– Cher neveu, laisse le Manceau tenir le Cambrésis encore deux ou trois ans. D'ici là, je te promets que s'il meurt quelque comte, qui que ce soit, d'ici jusqu'en Vermandois, d'Aix-la-Chapelle à Senlis ou de Mont-Laon à Orléans, en quelque endroit que ce soit de mon royaume, je t'en donnerai la terre avec les revenus et droits qui s'y rattachent. Je te le jure sur ma couronne.

Raoul accepta la promesse solennelle et le gant du roi. Avant de quitter la cour, il choisit cependant quarante otages en gage de ce funeste présent qui ne peut que causer la mort de bien des chevaliers et le mener à sa propre perte.

La mort d'Herbert de Vermandois

Environ un an plus tard, mourut Herbert de Vermandois, un comte puissant, sage et estimé.

Aussitôt qu'il apprit la nouvelle, Raoul enfourcha son destrier et, accompagné du vieux Gerri et d'une bonne escorte, il quitta Cambrai et se rendit à Paris pour faire valoir ses droits et obliger le roi à tenir parole.

Les chevaliers mirent pied à terre devant le palais à l'ombre de hauts arbres feuillus et gravirent à grands pas les escaliers menant à la grande salle du conseil.

Entouré de quelques barons, le roi, assis dans un fauteuil à haut dossier, se repentait déjà de sa promesse inconsidérée lorsqu'il vit arriver Raoul et Gerri.

– Que Dieu vous garde, seigneur Louis.

– Qu'il te garde aussi, mon neveu.

– Vous savez qu'Herbert de Vermandois est

mort. Accordez-moi son fief, comme vous l'avez promis.

– Je ne puis faire ce que tu demandes. Le noble comte a laissé quatre fils très vaillants. On me blâmerait si je les déshéritais et je ne pourrais plus compter sur eux ni sur leur nombreuse et puissante parenté en cas de besoin. Je ne peux les léser tous les quatre pour te satisfaire toi seul.

Raoul ne peut contenir la colère qui s'empare alors de lui. Une nouvelle fois le roi l'a trompé. Il fait immédiatement rassembler les otages, quarante des plus hauts seigneurs du royaume qui s'étaient portés garants de la parole royale.

– Demain matin, leur dit-il, vous partirez pour Cambrai où je vous enfermerai dans mes prisons car le roi s'est parjuré en refusant de m'accorder la première terre devenue vacante, celle du défunt comte Herbert de Vermandois.

Les otages frémissent. Geoffroy d'Anjou et Herbert du Maine proposent à Raoul de tenter une médiation auprès du roi. Avec son accord, ils retournent sans délai dans la grande salle du palais.

– Seigneur Louis, légitime empereur, dit Geoffroy d'Anjou, vous n'auriez pas dû vous engager à donner à votre neveu la terre et les revenus d'autrui. Mais vous l'avez fait ! Si vous ne tenez pas votre parole en accordant dès aujourd'hui le Vermandois à Raoul, nous, qui étions les garants, nous allons être bien maltraités par ce chevalier impitoyable.

– J'enrage soupire le roi, mais, puisqu'il le faut, j'accorde ce don qui ne manquera pas de nous apporter à tous malheur et désolation. Approche, Raoul, je t'accorde le Vermandois mais sache bien que ni moi ni aucun de mes barons ne t'aiderons à le conquérir.

– Je n'en demande pas plus, répond Raoul.

Alors, Bernier, l'écuyer, s'avance. Il est fils d'Ybert de Ribemont, l'un des quatre fils du défunt comte Herbert. Planté au milieu de la salle, il proclame à haute voix :

– Les fils d'Herbert sont de vaillants chevaliers. Ils ont fidèlement servi le roi et celui-ci veut les priver de leur héritage. Etrange récompense ! Mais ils sont riches, puissants et comptent de nombreux amis. Ils ne se laisseront pas injustement dépouiller sans résister les armes à la main.

L'émoi est considérable parmi les barons et plus encore lorsque Bernier se tourne vers Raoul :

– Je suis votre homme lige. Je le sais bien. Mais laissez-moi vous dire que les terres que vous vous apprêtez à conquérir par la force reviennent légitimement à mon père et à mes oncles. Vous n'avez aucun droit sur le Vermandois.

– Tais-toi, répond Raoul. Pour rien au monde je ne renoncerai à ce don que le roi vient de me faire.

– Je me tairai donc puisqu'il le faut, mais je sais bien qu'ils se défendront vaillamment et que je devrai être, hélas ! à vos côtés, contre eux !

Raoul ne veut pas s'attarder. Il a hâte de se mettre en campagne. Sitôt ses barons rassemblés, il quitte la capitale et reprend la route de Cambrai.

II
LE DEFI DE BERNIER

La malédiction de dame Alaïs

A Cambrai, dame Alaïs, heureuse de retrouver son fils, se précipite à sa rencontre, les bras ouverts, le serre contre elle et le couvre de baisers puis elle le prend par la main et le mène jusque dans la grande salle du palais.

– Mon fils bien-aimé, lui dit-elle, je te retrouve fort et couvert d'honneurs. Te voilà sénéchal de France. Que Dieu en soit remercié ! Tu as longtemps servi le roi de France, t'a-t-il en remerciement restitué la terre de ton père Taillefer le hardi ? Je m'étonne fort de la grande patience dont tu as fait preuve.

Les paroles que sa mère vient de prononcer émeuvent fort le comte Raoul. Il répond :

– Madame, Louis m'a récompensé généreusement : il m'a fait don de la grande terre du comte Herbert de Vermandois qui vient de mourir.

– Mon fils, celui qui t'a donné ce cadeau t'a

offert ta perte et ta mort. Ton père et le comte Herbert étaient de grands amis qui ont souvent combattu côte à côte. Renonce à cette terre et vis en bonne entente avec les fils du comte.

– Il n'en sera pas ainsi. J'ai publiquement accepté ce don et le gant du roi. Rien ne pourra désormais m'y faire renoncer car tout le monde me tiendrait pour lâche. Il est trop tard pour me dédire. Il y va de mon honneur et de celui de mes héritiers.

– De combien d'hommes disposes-tu pour entreprendre une telle conquête ?

– Environ dix mille. Gerri sera le gonfalonier de mon armée. Les barons d'Arrouaise, qui le redoutent, ne lui feront pas défaut.

– Par Dieu, voilà un bien piètre commencement ! Il est vrai que nul n'est plus apte et plus digne de mener ton armée que ton oncle Gerri. Lui se battra bien. Mais les barons d'Arras ne valent rien. Tant qu'il s'agira de s'emparer de bœufs ou de moutons ou de vider les plats, ils feront des merveilles. Mais, lorsque commenceront les grandes batailles, ils s'enfuiront comme des lâches. Bons à piller mais prompts à détaler, les voilà tes barons ! Ils te laisseront bien vite tomber et les fils d'Herbert te tueront et te trancheront la tête. Moi, ta mère, j'en mourrai de chagrin. Crois-moi, mon fils bien-aimé, tu as grand tort d'entreprendre une telle guerre. T'es-tu bien demandé ce que fera Bernier ?

– Madame, à la cour, il a déjà contesté le don que me faisait le roi. Je l'ai fait taire mais il est vrai qu'il préférerait être aux côtés de son père et de ses oncles.

– Je le sais bien. Il est l'homme dont tu as le plus à redouter. Renonce à ce projet. Fais plutôt alliance avec les fils d'Herbert qui sont très puissants. Ils t'en seront reconnaissants et t'aideront à entreprendre l'autre guerre pour chasser le Manceau.

Ce discours plein de sagesse ne plaît guère à Raoul. Il perd patience et laisse éclater sa colère contre sa mère.

– Maudit soit le fol qui prend conseil d'une femme avant d'aller combattre ! Même si le sang doit couler en abondance, les cervelles jaillir des crânes éclatés, les boyaux sortir des ventres ouverts, quel qu'en soit le prix, je mènerai cette guerre. Retournez à vos appartements et faites-nous servir à boire et à manger. Voilà des occupations qui vous conviennent.

– Mon fils bien-aimé, j'ai fait pour toi tout ce qui était en mon pouvoir. Lorsqu'il t'a dépouillé de ton héritage, le roi voulait me donner en mariage au Manceau. J'ai refusé. Et, comme je t'aimais, je t'ai nourri, élevé et protégé jusqu'à ce que tu aies l'âge et la force de monter sur un destrier et de porter les armes pour faire valoir ton droit. Puis je t'ai envoyé à la cour. Te voilà chevalier et sénéchal de France. Mais tu prétends aller conquérir une terre sur laquelle tes ancêtres n'avaient pas le moindre droit. Puisque tu t'obstines encore malgré mes prières et que rien au monde ne saurait te faire renoncer à ce projet, va et que Dieu te maudisse ! Ne reviens pas vivant de cette mauvaise aventure !

Le cœur brisé de s'être laissé aller, bien malgré elle, à maudire son fils, dame Alaïs sort du palais et se rend en l'église Saint-Géry où est enterré son mari le comte Taillefer. Elle tombe à genoux au pied de l'autel.

– Seigneur Jésus, qui fus mis en croix, rends-moi mon fils sain et sauf. Que je sois damnée s'il trouve la mort à cause de ma malédiction.

Le massacre d'Origny

En quelques jours, Gerri le Roux qui avait envoyé des messagers à tous ses barons en a bien rassemblé dix mille[1] car tous le redoutent et nul n'oserait se dérober à son appel. Il va alors avertir Raoul.

– Pourquoi tarder davantage à entreprendre cette conquête ? Tous les barons d'Artois et d'Arrouaise sont maintenant aux portes de Cambrai. Viens voir étinceler les lances, les épées et les armures. Entreprenons dès aujourd'hui une guerre impitoyable contre les fils d'Herbert.

L'armée se met en marche sous la conduite de Raoul et de Gerri. Dès qu'ils arrivent en Vermandois, après avoir traversé l'Arrouaise, les barons font de grands pillages : ils se saisissent d'un important butin, brûlent les terres, capturent des prisonniers, ravagent fermes et métairies.

Bernier, morne et pensif, voit, la rage au cœur,

1. Les jongleurs exagèrent le nombre des chevaliers. Peut-être veulent-ils tout simplement signifier par les chiffres qu'ils avancent que le nombre est considérable. On sait par exemple qu'il y avait à Bouvines 1500 chevaliers et 7500 fantassins.

mettre à feu et à sang la terre de son père. Chaque jour qui passe, c'est à contrecœur qu'il revêt son armure et prend les armes.

Un soir, Raoul appelle Manecier, Droon et Gautier, trois de ses barons. Il leur dit :

– Prenez vos armes et quatre cents hommes. Allez jusqu'à Origny avant la nuit. Dressez ma tente au beau milieu du monastère. Les bêtes de somme y seront à l'abri sous les porches et dans le cloître. Transformez la crypte en cuisine. Installez mon grand lit au pied de l'autel. Mes éperviers se percheront sur les bras de la croix. Quant aux nonnes, mes écuyers sauront bien s'en occuper. Allez. Je veux profaner ce lieu cher aux fils d'Herbert.

Les chevaliers se mettent en route sans tarder pour s'acquitter de la mission qui leur a été confiée. Mais, alors qu'ils arrivent en vue du monastère, ils entendent sonner les cloches de l'église abbatiale. Il leur souvient de Dieu le père que même les plus déraisonnables doivent prier et dont tout le monde doit respecter le saint nom. La crainte les saisit. Ils n'osent entrer en ce lieu consacré et c'est dans un pré qu'au matin ils donnent l'ordre d'installer le reste du campement.

Peu après l'aube, à l'heure de prime, voici Raoul. Voyant où ses compagnons avaient fait dresser tentes et pavillons, contrairement aux ordres qu'il avait donnés, il entre dans une violente colère.

– Traîtres, pourceaux, soudards, vous êtes bien mal avisés de ne pas m'avoir scrupuleusement obéi.

– Pardonnez-nous, seigneur. Nous ne sommes pas des larrons profanateurs de lieux saints. Ne perdez pas le sens de la mesure. Vous devez épargner ces lieux que respectent et honorent les hommes sensés. Si vous attirez sur vous la haine de Dieu, vous courrez à votre perte. L'endroit que nous avons choisi est parfait : l'herbe des prés est bien verte et l'eau de la rivière qui coule en contrebas est claire et fraîche.

– Puisque vous le voulez ainsi, je vous l'accorde, répond Raoul dont la fureur était retombée.

Sur la prairie, on a tout de suite étendu des tapis. Raoul s'y est allongé pour se reposer. Autour de lui, dix chevaliers en compagnie desquels il tient son conseil. C'est une bien mauvaise décision qu'ils ont prise ce jour-là : aller jusqu'au bourg d'Origny faire quelque pillage.

A l'appel de Raoul, les barons se rassemblent – personne n'ose le contredire ou s'opposer à lui – et enfourchent leurs montures. C'est une troupe de trois mille hommes qui se met en marche.

Les chevaliers assaillent le bourg, abattent les

arbres devant la ville. Soudain, les nonnes sortent du monastère en procession ; chacune portant un psautier où sont inscrits des chants à la louange de Dieu. A leur tête, marche Marcent, la mère de Bernier. Elle vient à la rencontre de Raoul.

– Pitié, noble seigneur ! lui dit-elle en agrippant le bas de son haubert. Dites-moi où est mon fils que je n'ai pas vu depuis si longtemps.

– Il n'est pas loin d'ici. C'est un excellent chevalier qui a entrepris à mes côtés cette guerre sans merci contre les fils d'Herbert.

– Dieu, soupire la dame, comme il a le cœur félon ! Les fils d'Herbert sont ses oncles. C'est pour son malheur qu'il a pris les armes contre eux ! Seigneur Raoul, je vous en prie, repartez avec votre armée. Nous ne sommes que des religieuses ignorant tout du métier des armes. Jamais personne n'a été ni ne sera tué par notre faute.

– Voilà de belles et trompeuses paroles ! s'exclame Raoul. Avez-vous oublié que vous n'étiez autrefois qu'une chambrière débauchée vouée au plaisir des valets ? Votre corps était bon pour qui en voulait. C'est ainsi que le comte Ybert avait fait de vous sa maîtresse.

– Par Dieu, dit la dame, quels propos insultants ! Jamais je ne fus ni chambrière ni prostituée. C'est un gentilhomme qui me prit pour maîtresse et engendra un fils dont je suis fière. Maintenant, je consacre ma vie au service de Dieu. Mais je vous le répète : nous sommes des religieuses sans armes et sans défense. Vous pourriez nous massacrer facilement et sans gloire. Epargnez donc notre couvent. Installez votre campement dans nos prés. Vos écuyers pourront venir chercher chez nous de la nourriture pour vous et votre armée. Nous leur donnerons aussi tout le fourrage et l'avoine dont vos chevaux ont besoin.

– Par saint Richer, à ces conditions, j'accorde volontier la trêve que vous demandez.

Alors, Raoul s'en retourne sur son cheval. Il croise Bernier qui vient voir sa mère, Marcent au fier visage. La mère et le fils ne se sont pas vus depuis longtemps et ont grand besoin de se parler.

Dès que le jeune homme a mis pied à terre, sa mère, profondément émue de le revoir enfin, le serre contre son cœur et l'embrasse tendrement.

– Mon fils bien-aimé, bénis soient le jour où tu fus armé chevalier et celui qui t'adouba ! Mais à quoi bon chercher à conquérir par la force le fief de ton père alors que la terre te reviendra puisque tu es son seul héritier ?

– J'y suis obligé. Raoul est plus traître que Judas

mais il est mon seigneur. Je lui dois tout. C'est lui qui m'a fait chevalier et m'a donné armes et destrier. A aucun prix je ne dois lui faire défaut avant que tous soient bien obligés de reconnaître que j'avais clairement le droit pour moi.

– Tu as raison, mon fils, dit la mère. Il te faut servir ton seigneur. C'est ainsi que tu gagneras le ciel.

Le bourg d'Origny, bien que cher au cœur des fils d'Herbert, n'est que faiblement fortifié, seulement entouré d'une palissade de pieux fichés en terre. Devant le bourg, Raoul fait dresser sa vaste et magnifique tente sur la grande prairie où l'on organise parfois des tournois et sur laquelle paissent habituellement les bœufs du couvent.

Pendant ce temps, trois mauvais garçons de son armée, montés sur leurs chevaux, se sont rendus dans le bourg pour y commettre quelques vols. Mais l'alerte est vite donnée. Dix bourgeois accourent armés de barres de fer et, pour leur malheur, tuent deux voleurs. Le troisième parvient à s'échapper. Au grand galop, il regagne le campement, met pied à terre devant la tente de Raoul et lui fait à sa manière un récit qui va l'abuser.

– Que le seigneur Dieu t'abandonne si tu ne te venges pas sur-le-champ de ces farouches bourgeois.

Sous mes yeux, ils ont frappé à mort mon frère et mon neveu et ils m'auraient tué aussi si je n'avais pas réussi à prendre la fuite. Ils te méprisent, ajoute-t-il, et menacent de te tondre le crâne s'ils arrivent à t'attraper.

A ces mots, Raoul sent la colère l'envahir. Aussitôt, il s'écrie :

– Ces bourgeois vont payer fort cher cette guerre qu'ils viennent de déclencher. Aux armes, chevaliers ! Je veux que vous alliez saccager Origny.

Les soldats vont s'équiper, revêtir les heaumes et les hauberts. Bientôt, ce sont dix mille hommes en armes qui se ruent sur la cité. Ils franchissent aisément les fossés, abattent les palissades à coups de cognées. Plus rien ne protège le bourg.

Le premier moment de panique passé, les bourgeois, réfugiés sur les murs et dans les étages, se défendent comme ils peuvent en lançant des pierres, tuant ainsi plusieurs chevaliers.

Alors, reniant la parole qu'il avait donnée à l'abbesse la veille, Raoul, perdant toute mesure, jure qu'il n'épargnera personne et ordonne que tous les bourgeois soient massacrés ou pendus.

– Barons, ordonne-t-il enfin à ses hommes déchaînés, mettez le feu à la ville.

Les soldats lui ont obéi. En peu de temps, le bourg se transforme en brasier. Les maisons brûlent. Les solives cèdent, les charpentes et les planchers s'effondrent. Les tonneaux éclatent dans les celliers. L'huile qu'ils contenaient s'écoule, prend feu et répand rapidement l'incendie à travers les rues. Hommes, femmes, enfants, tous les habitants sont encerclés par les flammes et brûlés vifs.

L'incendie a tôt fait d'atteindre le couvent. Les tours et le clocher du sanctuaire s'écroulent sur les nonnes qui s'y étaient rassemblées pour prier. Parmi elles, Marcent, la mère de Bernier.

Alors, Bernier qui jusque-là, la rage au cœur, avait suivi la tournure des événements, saisit son écu pour se protéger, tire son épée et se précipite vers la chapelle. Les flammes sont si hautes, la chaleur est telle qu'il ne peut y pénétrer. Le cœur brisé, les yeux pleins de larmes, il contemple l'horrible spectacle. Là-bas, dans la grande nef transformée en brasier, il aperçoit sa mère étendue sur les dalles de marbre près d'un pilier. Il reconnaît son visage et voit s'enflammer le psautier qu'elle serrait sur sa poitrine.

– Hélas, ma pauvre mère qui m'avez embrassé hier pour la dernière fois, je ne puis vous être d'aucun secours ! Quel piètre héritier je fais ! Que

Dieu ait pitié de votre âme ! Et toi, Raoul, félon, sois maudit ! Je ne demeurerai pas plus longtemps à ton service malgré l'hommage que j'ai prononcé le jour où tu m'adoubas chevalier. Et que tous me tiennent pour lâche si je ne me venge pas du crime que tu viens de commettre sous mes yeux !

La douleur qui l'étreint est si forte que l'épée lui tombe des mains et qu'il s'évanouit sur le col de son destrier.

Reprenant ses esprits, plein de courroux et de haine, il se dirige vers sa tente. Ses écuyers l'aident à descendre de cheval et à retirer ses bottes. Tous partagent son deuil et son immense peine. Ils pleurent abondamment avec lui.

Quand il s'est ressaisi, Bernier leur dit :

– Nobles compagnons, j'ai besoin de votre conseil. Raoul, qui est mon seigneur, a clairement montré qu'il ne m'aime pas : il a fait brûler ma mère dans le monastère d'Origny. Combien de temps faudra-t-il que je continue à vivre avant d'avoir enfin le droit de me venger ?

Pour sûr, Bernier ne saurait continuer à servir fidèlement Raoul. Il était son ami d'enfance. Il sera désormais son mortel ennemi.

Le défi

Pendant ce temps-là, monté sur son destrier fauve, Raoul regagne à son tour le campement. Les barons et vassaux de sa suite l'aident à descendre de sa monture, lui délacent le heaume, dénouent la ceinture à laquelle pend son épée et lui retirent le haubert à double rang de mailles.

Vêtu d'un bliaud de soie brodé d'une collerette d'hermine, Raoul a belle allure. Il appelle son sénéchal et lui donne l'ordre de s'occuper du repas.

– Fais-nous préparer des paons rôtis, des cygnes à la sauce au poivre et du gibier en grande quantité afin que tous mes compagnons puissent se rassasier. Ils l'ont bien mérité après une telle journée.

En entendant ces paroles sacrilèges, le sénéchal fait par trois fois son signe de croix.

– Seigneur, avez-vous oublié que nous sommes dans le temps de carême, ose-t-il lui faire remarquer, et que c'est aujourd'hui vendredi saint, jour de jeûne en souvenir de la mort de Notre Seigneur Jésus Christ ? Et nous, pauvres de nous ! qui avons mis à feu et à sang le monastère et fait brûler les religieuses ! Jamais Dieu ne nous le pardonnera.

– Misérable bavard, de quoi te mêles-tu ? Les bourgeois avaient tué deux de mes meilleurs écuyers. Il était juste qu'ils le paient très cher. Mais il est vrai que j'avais oublié le carême.

Irrité par la hardiesse du sénéchal et l'obligation que celui-ci vient de lui rappeler, Raoul a demandé qu'on lui apporte un échiquier puis s'est installé devant sa tente pour se mesurer à l'un de ses chevaliers. Il fait très chaud. Le comte a retiré son manteau et ordonné qu'on lui apporte du vin. Aussitôt, dix jeunes gens vêtus d'un peliçon d'hermine s'empressent pour le servir. Mais Bernier, qui a tout entendu, les écarte pour prendre leur place. Ayant rempli de claré, un vin aromatisé, une grande coupe d'or fin, il s'avance et s'agenouille devant Raoul et la lui présente à deux mains.

Sans tourner les yeux vers lui, Raoul continue sa partie. Il a tôt fait de mettre son adversaire en difficulté tant il est expert aux échecs. Et Bernier attend patiemment que son seigneur daigne prendre la coupe qu'il lui présente.

– Ami, dit enfin Raoul, saisissant le hanap, je

ne t'avais pas vu car j'étais absorbé par cette partie.

Levant la coupe, il proclame haut et fort à tous ses compagnons :

– Par cette coupe de vin que je vous montre, par mon épée posée sur le tapis, par les saints apôtres, malheur aux fils d'Herbert ! Cette guerre sera sans merci. Je ne leur laisserai rien, pas même assez de terre pour ensevelir leurs dépouilles.

– Seigneur Raoul, intervient Bernier, les fils d'Herbert ne sont pas des lâches, bien au contraire. Ce sont de vaillants chevaliers. Ils comptent de nombreux amis qui ne leur feront pas défaut tant qu'il leur restera un souffle de vie.

– Je les chasserai d'ici, te dis-je. Je les repousserai jusqu'à la mer... et même au-delà.

– Seigneur Raoul, je suis votre homme lige, il est vrai, mais jusque-là, vous avez trop mal payé mes services. Vous avez fait brûler ma mère dans le monastère d'Origny. Maintenant, vous voulez chasser de leur terre mes oncles et mon père. Ne soyez pas étonné que je vous déteste. J'aimerais mieux combattre à leurs côtés contre vous qu'aux vôtres contre eux.

Ces franches paroles froissent profondément le bouillant Raoul qui, ne pouvant contenir sa fureur, adresse à Bernier, devant tous les barons assemblés, ces propos insultants :

– Il est clair que tu es des leurs et que c'est pour mieux me trahir que tu es encore ici. Mes barons aussi le savent bien. Je ne sais pas ce qui me retient de te trancher la tête, bâtard, fils de ribaude.

– Seigneur Raoul, je n'ai en ce camp que peu d'amis et aucun parent. Il me faut donc me défendre moi-même. Mon père est le comte Ybert de Vermandois et ma mère une noble dame, fille d'un grand seigneur de Bavière. Elle fut enlevée dans son pays par un fort brillant chevalier qui l'épousa. Comme il avait tué deux princes, il fut contraint de s'exiler en Italie d'où il ne revint jamais. Restée seule et sans ami, elle se laissa séduire par mon père qui, ne pouvant l'épouser, voulait la donner en mariage à Geoffroy d'Anjou mais, après ma naissance, elle préféra entrer au couvent. Voilà quelle était ma mère. Voilà qui tu as brûlé. Que Dieu me laisse vivre assez longtemps pour la venger !

– Fils de putain, misérable, hurle Raoul hors de lui, si je n'avais pas pitié de toi, sur-le-champ, je te trancherais tous les membres.

– Quels beaux sentiments ! Quelle belle amitié ! Je vous ai servi loyalement et voilà toute votre reconnaissance !

C'en est trop, Raoul se dresse d'un bond et empoigne un grand tronçon d'épieu qu'un veneur avait abandonné là. Il le brandit et en frappe violemment Bernier à la tempe[1]. Le sang jaillit et coule sur son collet d'hermine. Alors, fou de rage, Bernier saisit Raoul à bras-le-corps. Il l'aurait certainement jeté à terre si les barons ne s'étaient pas interposés pour les séparer.

Plein de haine envers son seigneur, Bernier ne songe plus qu'à le quitter. Il appelle son écuyer.

– Apporte-moi toutes mes armes. Je ne demeurerai pas plus longtemps en ce lieu hostile, au service d'un tel seigneur.

Quand Raoul voit son compagnon Bernier courroucé à ce point et le visage maculé de sang, sa colère tombe d'un coup pour faire place à l'inquiétude et à la tristesse. Désemparé, il demande conseil à ses barons qui lui font cette réponse :

– Seigneur Raoul, Bernier veut vous quitter. Il

1. Les liens vassaliques sont plus forts que les liens du sang. L'engagement du vassal envers son suzerain est très strict. « On peut prendre les armes pour son parent injustement attaqué, sauf toutefois contre son seigneur ». (Loi anglo-saxonne du temps d'Alfred, citée par Marc Bloch dans *La Société féodale*, « L'évolution de l'humanité », Albin Michel, 1968, p. 328). Il faudrait lire tout le chapitre intitulé « Le paradoxe de la vassalité », p. 325 à 334, pour bien comprendre la situation. La rupture de l'hommage à la suite d'un coup de bâton remonte au Haut Moyen Age. C'est un geste particulièrement insultant qui équivaut à infliger au vassal un traitement réservé au vilain.

est vrai que vous l'avez mal payé de ses services. Vous avez brûlé sa mère et vous lui avez presque fendu le crâne. Il n'est pas étonnant qu'il aspire à la vengeance. Mais rendez-lui justice vous-même s'il daigne l'accepter.

– C'est le meilleur conseil que vous puissiez me donner. Bernier, reviens. Devant tous mes chevaliers, je te promets réparation des grands torts que je t'ai causés.

– Vous avez brûlé ma mère. Vous venez de me blesser à la tête. Vous ne serez quitte envers moi que le jour où le sang que vous avez fait couler remontera de lui-même jusqu'à la blessure que vous m'avez infligée. Mon désir de vengeance ne sera pas assouvi avant.

Alors, Raoul, qui est pourtant son seigneur, s'agenouille devant Bernier et le supplie avec douceur :

– Bernier, j'implore ton pardon, non pas parce que je redoute la guerre que tu me déclares mais parce que je tiens par-dessus tout à ce que tu demeures mon ami. Je veux me racheter en m'humiliant et faire pour toi ce que je ne ferai pour personne d'autre, même pas pour l'émir de Tudèle ni pour le roi de France. Cent de mes chevaliers parcourront les treize lieues d'Origny à Nesle en portant leur selle sur la tête. Moi, je porterai la tienne et, à tous ceux que je rencontrerai, je dirai : « C'est la selle de Bernier[1]. »

– Cette pénitence est belle et grande, disent les Français. Personne, à moins d'être votre ennemi mortel, ne pourrait vous refuser son pardon à ce prix.

– Vraiment ! raille Bernier, quels sont ces propos insensés ? Je ne vous accorderai jamais mon pardon. Ma soif de vengeance est bien trop grande.

– Le dénouement de notre querelle sera bien tragique ! soupire Raoul.

– Par Dieu, bâtard, intervient Gerri, outré par le refus de Bernier, Raoul t'a proposé une réparation très généreuse et, en réponse, tu oses lui lancer un défi ! Désormais, sache que ta mort est inscrite au bout de ma lance.

– Méfiez-vous donc, répond Bernier, car je vous assure que le coup que vous me promettez vous coû-

1. Porter la selle sur la tête est une punition infamante infligée depuis l'époque carolingienne, comme l'atteste le capitulaire de Worms en 829. « Pour un chevalier c'était déjà une dérogation que d'aller à pied en menant son cheval par la bride, ce cheval qui était à la fois la parure et le signe de métier de la noblesse, le destrier qui la distinguait des autres classes sociales et lui assurait sa supériorité. Ensuite, la selle, effet personnel entre tous, signe de caste elle aussi, Raoul la mettra – non la sienne mais celle de son écuyer lésé, du bâtard Bernier – sur sa tête comme symbole de la lourde charge qui pèse sur lui ». (P. Matarasso, *Recherches historiques et littéraires sur Raoul de Cambrai*, p. 135-136).

tera cher avant que vous ne réussissiez à le porter.

Le jeune Bernier a bandé d'un syglaton la blessure de sa tête. Il revêt son haubert, lace son heaume et ceint l'épée au côté. Il monte sur son destrier au cou duquel est suspendu un bouclier rond. Il saisit sa lance, puis à grande haleine, il sonne du cor. Cinq chevaliers attachés à son service accourent. Ils ne lui feront jamais défaut.

Sous les regards hostiles de Raoul et de ses compagnons, la petite troupe quitte le camp sans prendre congé et se dirige vers la ville de Ribemont où réside le comte Ybert, père de Bernier.

La colère d'Ybert de Ribemont

Le comte Ybert, à la barbe et aux cheveux gris, avait réuni les seigneurs et barons de sa contrée dans la grande salle de son palais. Alors qu'il s'était approché de la fenêtre et regardait dans la vallée, il aperçut au loin Bernier et ses cinq chevaliers. Les ayant tout de suite reconnus, une grande émotion s'empara de lui.

– Nobles seigneurs, dit-il à ses barons, je vois venir mon fils avec des chevaliers en armes. Ils nous apportent sans doute quelques nouvelles et vont nous expliquer pourquoi Raoul a ravagé mes terres.

Les gens du château, barons et valets, se précipitent à la rencontre des arrivants et leur tiennent les étriers pour les aider à descendre de cheval. Ils les accompagnent ensuite jusque dans la grande salle où ils achèvent de les désarmer.

– Quelles nouvelles nous apportez-vous ?

– Hélas, répond Bernier, de bien mauvaises !

Vous devrez désormais garder le heaume lacé et l'épée au côté car Raoul veut déposséder mon père et mes oncles de leurs terres et leur trancher la tête.

Le comte Ybert serre son fils dans ses bras et l'embrasse tendrement. Mais il voit ainsi que le syglaton serrant le front de son enfant est tout taché de sang.

– Par saint Richer, quel est l'homme qui a osé te frapper ? s'indigne-t-il.

– C'est mon seigneur, répond le jeune homme, le comte Raoul qui veut nous chasser de nos terres et s'en emparer. Il a déjà mis le feu à Origny et j'ai vu ma mère et ses cent compagnes brûlées vives dans l'incendie du monastère ; et, pour la seule raison que je lui avais reproché ce méfait, il m'a blessé en me frappant d'un tronçon d'épieu. Je dois reconnaître qu'il m'a ensuite offert réparation mais j'ai refusé, préférant revenir auprès de vous, mon père.

– Bernier, mon fils bien-aimé, répond tristement le comte Ybert, la démesure de Raoul causera sa perte. C'est pour son malheur qu'il a entrepris cette guerre et fait brûler ta mère. Il t'a bien mal récompensé de ton loyal service en faisant couler ton sang. Il a eu grand tort de se priver d'un compagnon tel que toi. Cet homme a perdu la raison.

Avant qu'il puisse s'emparer de la terre qui m'appartient, bien des targes et bien des cuirasses seront percées et mises en pièces. Nul ne songerait à me reprocher de défendre mon fief l'épée à la main. Ah, Raoul, que Dieu te maudisse ! Je m'étonne que tes pieds puissent encore fouler la terre et l'herbe. Tu ne tarderas pas à payer tes forfaits.

Le rassemblement des vassaux

C'était le premier jour de Pâques. A Ribemont, tous les chevaliers avaient pris place autour des tables que les serviteurs et intendants avaient dressées. Le comte Ybert n'a goûté aucun des plats qu'on lui a présentés malgré l'insistance de son entourage. Il n'a pas d'appétit.

– Je ne peux supporter plus longtemps de voir mon fils ensanglanté, soupire-t-il. Il faut vraiment que Raoul me déteste pour me l'avoir renvoyé dans ce triste état. Vous, les vétérans, gardez les remparts, le donjon et le palais. Vous, les jeunes, les valets, les écuyers, allez seller les chevaux. Nous partons sur-le-champ.

– Mon père, dit Bernier, je vous accompagne.

– Tu es blessé et tu as grand besoin de repos.

– Aussi vrai que je suis baptisé, rien ne m'empêchera de vous accompagner pour venger ma honte.

Les chevaliers se sont rapidement équipés et sans perdre de temps se sont mis en route. Ayant chevauché toute la nuit, ils arrivent au petit matin devant la ville de Roye et mettent enfin pied à terre.

Le guetteur les a vus. Il lance une pierre qui frôle le heaume du comte Ybert avant de tomber dans l'eau claire du fossé

– Vassal, crie-t-il, je ne sais si la pierre que j'ai lancée vous a atteint mais si vous restez là, c'est maintenant une flèche que je vais vous décocher.

– Ami, ne fais pas cela. Je suis Ybert de Ribemont, fils du défunt comte Herbert. Hâte-toi d'aller prévenir mon frère Eudes que j'ai grand besoin de lui.

En toute hâte, le farouche guetteur se rend jusqu'aux appartements de son seigneur. A la porte de la chambre, il frappe avec le heurtoir. Le chambellan qui l'a entendu vient s'enquérir de la raison de cette visite à une heure inhabituelle. Enfin informé, il va réveiller son maître.

– Votre frère est aux portes de la ville. Il a grand besoin de votre aide de toute urgence.

Eudes, aussitôt, saute du lit, revêt une pelisse d'hermine, endosse le haubert, lace le heaume brun et ceint l'épée au côté. Ainsi équipé, il sort en hâte du palais. Son sénéchal lui amène son destrier. Eudes monte en selle, passe un écu à son bras, empoigne une lance et se rend à l'extérieur des fortifications.

– Ybert, mon frère, que se passe-t-il ? Quelle grave raison vous a fait venir ici à pareille heure ?

– Le roi Louis veut nous dépouiller de nos terres. Il a fait don de tout notre pays au comte Raoul qui a aussitôt entrepris de le conquérir par la force. Nous devons nous défendre. Convoquez d'urgence tous vos amis et alliés.

– Tout ceci n'est-il pas une mauvaise plaisanterie ? s'interroge Eudes, incrédule. Raoul est-il assez fou pour être déjà sur nos terres ? Gerri le Roux, qui est un homme plein de sagesse, ne l'aurait jamais laissé faire.

– Hélas ! répond Ybert, tout le bourg d'Origny a été incendié et réduit en cendres. Bernier a vu sa mère périr avec les religieuses dans le couvent transformé en brasier. Quel grand malheur !

– Je vous crois. Je ne saurais mettre en doute ni votre parole ni celle de Bernier.

Eudes et Ybert ont battu le rappel de tous leurs amis, de tous leurs alliés, de tous leurs vassaux. Bernier en personne a servi de messager. Nombreux sont ceux qui accourent dès qu'ils ont reçu l'appel : Herbert d'Hirson puis Bernard de Rhétel avec mille hommes chacun, tous de vaillants chevaliers qui jurent, s'ils trouvent Raoul, de lui trancher le lard et de faire couler son sang. Puis vient le bon vassal Riquier, à la tête d'une troupe de mille chevaliers bien armés, bien équipés, qui font serment, s'ils rencontrent Raoul pendant la bataille, de lui tirer du corps les poumons et le foie. Arrive ensuite Louis, le plus jeune des fils d'Herbert, avec mille chevaliers des plus vaillants. S'ils croisent Raoul ou son oncle Gerri, ils leur feront sauter la tête du buste pour avoir eu l'audace de demander au roi le Vermandois.

L'armée se regroupe devant la ville de Saint-Quentin. Quel déploiement de tentes et de pavillons ! Que de vaillants barons ! Que de destriers gascons ! Avec le soleil et le reflet dans l'eau des fossés, les armes et armures étincellent et leur éclat est éblouissant. C'est vraiment pour son malheur et sa perte que Raoul a requis un tel don.

Le lendemain matin, ils sont bien onze mille à lever le camp et à se diriger vers Origny, tous bien équipés de belles armes brillantes et d'épées d'acier bien tranchantes.

Ils ont mis pied à terre à une lieue de l'armée de Raoul, à ce que j'ai entendu dire. Là, ils ont dressé leurs tentes dans un alignement parfait.

– Barons, dit Eudes, nobles chevaliers, tout homme qui perd le sens de la mesure perd aussi sa valeur. Le comte Raoul est un homme vaillant et de très haut rang. C'est le neveu du roi de France. Si nous le tuons, l'empereur ne nous le pardonnera pas et deviendra notre ennemi juré. Il nous chassera de nos terres et s'acharnera à notre perte. Il est plus sage d'envoyer à Raoul un messager pour lui demander de se retirer de nos contrées et lui dire que nous le tenons quitte de l'injure faite à Bernier. Nous nous chargerons de rebâtir l'église et le couvent qu'il incendia sans raison. Nous l'aiderons, s'il le veut, à mener son autre guerre pour chasser le Manceau du pays qui lui revient.

– J'irai, seigneur, propose Bernier.

– Par Dieu, se fâche son père, tu es trop présomptueux. Tu veux retourner voir Raoul après ce qu'il t'a fait ! Tu irais lui chercher querelle au lieu de transmettre correctement notre message de paix. Confions plutôt cette délicate mission au très sage Gérard de Flandre.

Les deux ambassadeurs

Gérard se coiffe de son heaume, le lace lui-même, puis, monté sur son bon destrier de Norvège, l'écu pendu à son cou, il traverse la zone marécageuse qui sépare les deux armées et le voici bientôt au milieu des armées de l'Artois et du Cambrésis. Il met pied à terre devant la tente de Raoul qu'il n'a aucun mal à trouver tant elle est grande et belle. Il n'a aucune hésitation non plus à identifier le comte parmi les chevaliers : c'est le plus beau et le plus richement vêtu. Voici les paroles que lui adresse le fier messager :

– Que Notre Seigneur qui créa le monde et mourut sur la croix veille sur Raoul, le neveu du roi de France, et sur tous ses vassaux.

– Et qu'il te garde aussi, toi qui m'as l'air de haut rang, lui répond courtoisement Raoul.

– Seigneur, dit Gérard le vaillant, daignez écouter mon message.

– Acquitte-toi donc sans tarder de ta mission et retourne-t'en bien vite avant d'avoir eu le temps de m'espionner.

– Seigneur, je ne cherche pas à vous faire le moindre tort.

Et il délivre mot à mot le message qu'on lui a confié. Raoul, qui l'a écouté avec attention, semble troublé. Il dit à Gérard en guise de réponse :

– Je vais prendre conseil de mon oncle.

Il répète à Gerri le message qu'il vient d'entendre.

– Mon cher neveu, tu as tout lieu d'être fier de ta puissance et du respect que tu inspires puisque quatre comtes veulent faire la paix avec toi. Accepte donc. Finalement, peu importe que tu possèdes cette terre plutôt qu'une autre.

– J'en ai reçu l'investiture par le gant du roi, en présence d'une foule de chevaliers. Et vous me conseillez d'y renoncer ! Si je le faisais, je serais déshonoré aux yeux de tous. On avait coutume de vanter votre hardiesse ; je vous trouve aujourd'hui bien couard.

Blessé par ce reproche, Gerri regrette d'avoir donné un tel conseil, si sage soit-il.

– Pour te montrer que je ne suis pas un lâche, je m'engage à briser au moins mille hauberts avant d'accepter le moindre accord avec tes ennemis. Et toi, messager, va-t'en vite dire aux fils d'Herbert de bien se défendre car le combat sera âpre et rude.

– J'accepte le défi, répond l'audacieux Gérard. Je peux vous assurer que nous saurons vous réserver l'accueil que vous méritez et qu'aucun de nous ne se dérobera.

Il retourne à son camp. Ybert, plein d'anxiété, se précipite à la rencontre du messager.

– Quelles nouvelles de Raoul nous apportes-tu ?

– Il est plein d'outrecuidance. Il n'y a rien d'autre à faire que de se préparer à livrer une grande bataille.

Cette terrible nouvelle réjouit fort Bernier encore tout à son désir de vengeance. Eudes, plus sage, propose d'envoyer un nouvel ambassadeur pour tenter une ultime démarche. Mais qui aura maintenant assez d'audace pour accepter une telle mission ?

– J'irai, propose Bernier ; je suis déjà tout équipé.

– Tu es trop présomptueux, lui répond son père, dissimulant mal son inquiétude et son émotion. Cependant, puisque tu le demandes encore, je ne saurais te le refuser une nouvelle fois. Nul autre que toi ne s'acquittera donc de cette périlleuse mission.

Revêtu de ses armes, Bernier s'éloigne des siens, traverse à son tour le marais et se rend directement jusqu'à la tente de Raoul, qu'il connaît bien. C'est à sa manière qu'il adresse les salutations habituelles des messagers.

– Que le Seigneur Dieu daigne veiller sur tous les barons de cette assemblée parmi lesquels j'ai grandi dans la douceur et la paix mais que soit damné Raoul de Cambrai qui a brûlé ma mère avec toutes les religieuses du couvent d'Origny et qui m'a frappé au front, faisant abondamment couler mon sang. Je jure qu'il me le paiera.

– Que voilà un messager bien impudent ! s'exclame Raoul, je reconnais bien là Bernier, le fils d'Ybert à la barbe blanche, ce fils de chienne, ce bâtard !

– Seigneur Raoul, ravalez vos insultes. Je viens ici en ambassadeur des fils d'Herbert vous répéter le message de Gérard de Flandre. Vous avez fait brûler ma mère. Vous m'avez frappé à la tempe. Vous ne pouvez pas le nier ; vous m'avez ensuite offert un grand dédommagement que j'ai refusé tant la colère m'aveuglait. Depuis, j'ai écouté les sages conseils de mes parents et amis et je suis prêt à accepter votre offre, à la seule condition que vous fassiez la paix avec mon père et mes oncles.

– Tu donnes là les preuves d'une grande amitié, répond Raoul qui ne peut rester insensible à la générosité d'un tel messager. Tu n'as pas parlé en vain.

Une nouvelle fois, Raoul s'en va trouver son oncle Gerri. Il lui prend le bras et lui répète, sans rien omettre, les paroles de Bernier. Il lui fait part de son intention de consentir à la paix.

– Comment ! s'indigne Gerri le Roux. Tout à l'heure, tu m'as traité de couard pour t'avoir donné un semblable conseil. Maintenant, j'ai fait seller ton destrier Fauvel. T'en serviras-tu pour aller au combat ou pour t'enfuir ?

S'approchant du messager, Gerri clame haut et fort :

– Rien ne me fera renoncer à cette guerre. Solennellement, je défie les fils d'Herbert.

– Seigneur Raoul, j'ai bien entendu les paroles de votre oncle, réplique Bernier. Il est clair que nous n'avons plus rien à nous dire. Je ne suis pas près d'oublier avec quelle cruauté vous avez payé mes services.

Il arrache une poignée de poils du col d'hermine de son haubert et, en signe de défi, les lance au visage de Raoul[1].

– Seigneur, voyez comme je vous défie publi-

1. Lancer trois brins d'hermine est un signe de défi qu'on trouve aussi dans d'autres textes comme le *Roman de Garin*.

quement. En quelque endroit que ce soit, je vous considère à partir de maintenant comme mon ennemi. Vous ne pourrez pas m'accuser de vous attaquer par traîtrise.

– Cela est vrai, dit Raoul, et j'en éprouve une profonde tristesse. Tu m'as défié loyalement. J'en témoignerai s'il le faut.

– Maintenant, partez vite, lui crient les Français. Vous avez clairement délivré votre message.

Avant de s'en retourner, Bernier se protège de son bouclier. Il éperonne son destrier et le lance au galop pour aller frapper Raoul qui était désarmé devant sa tente. Mais un chevalier téméraire, digne de louanges, a vu venir le coup. Il s'interpose devant son seigneur pour le protéger et c'est lui que Bernier transperce de son épieu et abat mort à terre avant de prendre la fuite à vive allure.

Bernier vient de porter le premier coup mortel. Pour sûr, la guerre qu'il vient de commencer sera terrible et sans merci.

III
LA MORT DE RAOUL DE CAMBRAI

La bataille d'Origny

Voyant tomber à terre dans une flaque de sang le chevalier qui s'est interposé entre Bernier et lui, Raoul comprend qu'il vient d'échapper de peu à la mort. Aussitôt, il hurle à l'adresse de ses compagnons :

– Aux armes, chevaliers. Vous avez vu comment Bernier, ce fils de chienne, a tenté de me tuer. Rattrapez-le.

Ils sont bien une centaine à se lancer immédiatement à la poursuite du fuyard qui détale aussi vite que son cheval d'Orcanie peut le porter.

Ybert qui, à l'orée du bois, attendait le retour de son fils, l'aperçoit soudain ainsi que les cent chevaliers lancés à ses trousses.

– Seigneur, s'exclame-t-il, mon fils a grand besoin d'aide ! Sans doute s'est-il mal acquitté de son message ? Aux armes, compagnons, portez-vous à son secours avant qu'il ne soit trop tard.

Quatorze cors sonnent aussitôt le rassemblement et, de tous côtés, vous auriez pu voir alors les chevaliers saisir leurs boucliers et empoigner leurs lances.

A cause de Bernier, les deux armées s'équipent, s'assemblent et se rangent en position de combat : d'un côté, ceux qui prennent son parti ; de l'autre, ceux qui ont juré sa perte. De part et d'autre, tous, même les plus hardis, sentent les larmes leur monter aux yeux et l'angoisse leur étreindre le cœur car ils savent bien que la bataille qu'ils vont livrer sera impitoyable : quiconque tombera à terre sera bien incapable de se relever.

Les deux armées s'observent et se redoutent. Elles sont si proches l'une de l'autre que les combattants peuvent distinguer les traits de leurs adversaires. Si les plus braves s'en réjouissent, les moins hardis tremblent de peur.

Les hommes de Raoul se vantent d'infliger aux fils d'Herbert une défaite si cuisante que les survivants en pleureront pendant longtemps le soir dans leurs châteaux. Au premier rang, Gerri le Roux flanqué de ses deux fils : Rénier le Vaillant et Garnier, habile à l'épée. Le comte Raoul, monté sur un fougueux destrier, vérifie avec son oncle l'ordonnancement de leurs troupes : dix mille hommes, tous bien équipés, en rangs si serrés que les chevaux se touchent, flanc contre flanc et l'encolure contre la croupe de celui qui précède. Un gant lancé sur le heaume des chevaliers n'arriverait pas à tomber jusqu'à terre.

Les chevaliers s'avancent les uns vers les autres. Chacun d'eux, ému jusqu'aux larmes, promet à Dieu que, s'il s'en sort vivant, il ne commettra plus de péché ou qu'il ne manquera pas de faire pénitence. Nombreux sont les nobles guerriers qui, faute de prêtre, communient de trois brins d'herbe[1].

Raoul et Gerri s'engagent à ne pas arrêter la guerre avant d'avoir conquis la terre par force et infligé une mort déshonorante aux fils d'Herbert ou, du moins, pas avant de les avoir chassés loin du Vermandois.

Ybert, pour sa part, jure de ne pas leur en céder la moindre parcelle sans la défendre chèrement et tous ses barons font serment de ne pas lui faire défaut même au prix de leur vie.

– Dieu, s'exclame Bernier, quelle belle loyauté ! Maudit soit le premier qui faiblira ou abandonnera le combat !

Le jongleur Bertolai, issu d'une des meilleures

1. A deux reprises, le jongleur mentionne ce rite étrange qu'on trouve dans d'autres textes comme *Garin le Loherain*.

familles de Laon, était présent sur le champ de bataille. Il a été témoin des moments les plus terribles, a entendu le choc des armes, a recueilli le cri des vaincus et a tiré de cette guerre une chanson inoubliable que, depuis, on a pu entendre en maint palais. Elle conte l'histoire de Gerri le Roux, de dame Alaïs, de Raoul de Cambrai et dit comment il fut tué par Bernier. Ecoutez son témoignage.

Jamais il n'y eut de guerre aussi effrayante et impitoyable. Ce ne sont pas des Normands ni des Anglais qui s'affrontent mais des barons du Vermandois, du Brabançon, de Champagne, de l'Artois et aussi de la France du roi Louis. Jamais récit de bataille ne fut aussi insoutenable.

Bernier lance son cheval au galop et, dans cette bataille rangée, c'est encore lui qui va porter le premier coup. De sa lance, il désarçonne un chevalier ennemi qui va rouler dans l'herbe pour ne plus se relever.

– Saint-Quentin ! crie-t-il. Frappez tous sans plus tarder. Malheur à Raoul. Si je ne l'abats pas moi-même de mon épée, je ne vaux pas bien cher.

De part et d'autre, les deux armées s'élancent. Les coups pleuvent de toutes parts. Le fracas des armes engendre un bruit de tonnerre dont l'écho résonne à une lieue à la ronde.

Ybert cherche Raoul en criant :

– Où es-tu, Raoul ? Pourquoi tant d'hommes devraient-ils perdre la vie ? Viens m'affronter en combat singulier et que toute la terre que tu convoites soit tienne sans que personne ne t'en conteste la possession si je suis vaincu.

Mais Raoul ne l'a pas entendu. Il se trouve avec son oncle Gerri, aux cheveux grisonnants, à un autre endroit en plein cœur de la mêlée. De dépit, Ybert va frapper Fromont sur son bouclier d'un coup si rude qu'il le fend complètement au-dessous de la boucle. La lance traverse le haubert et pénètre dans la chair. Le chevalier Fromont s'écroule, couvert de sang.

La mort des deux fils de Gerri le Roux

Voici qu'émerge de la mêlée Louis, le plus jeune mais aussi le plus vaillant des fils d'Herbert, bien armé, sur son destrier dont lui fit cadeau à Paris son prestigieux parrain, le roi Louis, dont il porte le prénom. Il revendique l'honneur d'affronter Raoul et s'écrie :

– Raoul, où êtes-vous allé ? Si vous m'abattez, grande sera votre gloire et vaste la terre que vous aurez gagnée. Et vous, Gerri, où vous cachez-vous ?

Si Raoul de Cambrai l'avait entendu, il n'aurait pas cherché à se dérober et serait aussitôt venu. Mais il était ailleurs, avec son oncle, au beau milieu de la mêlée, là où le combat est le plus acharné.

Blême de colère et de dépit, le jeune Louis, bien protégé derrière son bouclier, la lance en avant, éperonne son cheval et va frapper Garnier, l'un des fils de Gerri, d'un coup si violent qu'il lui brise son écu brun. L'épieu traverse la cotte de mailles et pénètre dans la chair. Garnier s'écroule, blessé à mort. N'ayant trouvé le père, Louis a tué le fils. Il s'en retourne vers les autres en criant :

– Saint-Quentin ! Frappez, chevaliers. Mort à Raoul.

Eperonnant son cheval, Gerri survient, l'écu au bras, l'épée d'acier au poing. Ceux qu'il frappe sont si mal en point qu'ils n'ont plus besoin du secours d'un médecin. Au moins quatorze chevaliers en ont déjà fait la douloureuse expérience. Près d'un petit bois touffu, il vient d'apercevoir la dépouille de son fils et pense en perdre la raison tant sa peine est immense. Il se dirige vers lui, met pied à terre et prend dans ses bras le pauvre corps ensanglanté. Il pleure abondamment.

– Mon fils, que je vous aimais ! Qui vous a tué ? Qui que ce soit, qu'il n'espère pas faire la paix avec moi. Je le tuerai et lui trancherai la tête.

Il voudrait charger la dépouille du jeune homme sur l'encolure de son destrier. Mais, débouchant d'un vallon, arrive à son encontre une troupe ennemie.

– Malheureux que je suis ! Mais, par Dieu, je ne manquerai pas de vous venger.

Contraint d'abandonner son fils, le cœur brisé,

fou furieux de douleur, Gerri le Roux se remet en selle. Frappant de grands coups à droite et à gauche, il se fraye un chemin étroit à travers ses ennemis. Son épée d'acier fait voler bien des bras, bien des pieds, et tranche bien des têtes autour de lui. S'il s'écarte un peu de la mêlée, nul ne songerait à le traiter de lâche.

Un peu plus loin, au milieu d'un champ labouré, Gerri voit venir Ernaut de Douai. Tous deux éperonnent leurs montures et s'élancent l'un vers l'autre à vive allure. Les lances plient en heurtant les écus dont les planches éclatent mais les hauberts résistent encore. Désarçonnés, tous deux se remettent bien vite sur leurs pieds et, aussitôt, s'affrontent à l'épée. Se protégeant du mieux qu'il peut derrière les restes de son bouclier, Gerri assène un coup d'épée sur le heaume d'Ernaut. Il en fait sauter les ornements et les incrustations. Si Ernaut n'avait pas reculé la tête au bon moment, un tel coup l'aurait fendu en deux jusqu'à la ceinture. La lame dévie un peu sur le côté gauche, tranche un quartier de l'écu et entame le haubert à double rang de mailles. Sous la violence du choc, Ernaut tombe à genoux. Il invoque Dieu et sainte Marie.

– Sauvez-moi. Je ferai rebâtir le monastère d'Origny. J'en fais le serment.

C'est alors que survient Rénier, l'autre fils de Gerri. Apercevant Ernaut à terre, aux pieds de son père, il s'avance vers lui, l'écu au bras et la lance en avant. Sans doute l'aurait-il tué sans hésiter mais, de l'autre côté du champ, Bernier arrive au grand galop et s'écrie aussi fort qu'il le peut :

– Noble seigneur, par Dieu, ne touchez pas cet homme à terre. Tournez plutôt vers moi votre monture et votre lance si vous l'osez.

Sans hésiter, Rénier, qui voulait venger son frère Garnier, fait face au nouveau venu. Tous deux s'avancent l'un vers l'autre à vive allure. Les lances heurtent violemment les écus qui éclatent sous les boucles. Les tronçons de lance volent en l'air tant le choc est violent. Les hauberts, cependant, résistent et aucun des deux hommes n'est désarçonné. Fâché de ce premier échec, Bernier tire son épée bien tranchante. Il assène au second fils de Gerri un coup si terrible sur son heaume pointu qu'il en abat les ornements en forme de fleur et les pierreries. L'épée tranche la coiffe du haubert et pénètre dans le crâne de Rénier jusqu'à la mâchoire.

Gerri a vu le coup mortel mais il ne peut tenter de venger son fils car l'étreinte des hommes de Bernier, venus en renfort, se resserre autour de lui. Estimant qu'il serait fou de s'attarder davantage, il remonte sur son destrier, l'éperonne et détale, laissant son second fils mort, étendu au milieu du champ, le visage contre la terre labourée.

Accablé par la douleur qu'il éprouve d'avoir perdu ce même jour ses deux fils, Gerri chevauche en pleurant et s'arrache les cheveux. Il rejoint Raoul et lui conte en quelques mots la raison de son désespoir.

– Les fils d'Herbert sont des traîtres de la pire espèce qui ont tué mes deux garçons. Ces crimes, je les leur ferai payer très cher pour peu que Dieu me laisse vivre assez longtemps pour que je puisse me venger ! Neveu bien aimé, dit-il à Raoul, je ne croyais pas les fils d'Herbert si redoutables. Sans doute avons-nous eu tort de les attaquer. Sans l'aide de Dieu, aucun de nous ne sortira vivant de cette guerre. Je t'en prie, restons côte à côte aujourd'hui. Nous ne manquerons pas d'avoir besoin l'un de l'autre. Pour ma part, je te promets que si tu étais désarçonné et attaqué même par dix adversaires des plus vaillants, j'arriverais bien à te remettre en selle.

Ces derniers mots réjouissent fort le comte Raoul qui promet de ne pas s'éloigner de son oncle.

Les derniers combats de Raoul de Cambrai

Le comte Raoul, courageux et vaillant, se voit bientôt entouré d'ennemis. Il y a là Ybert, Bernier avec ses frères et ses cousins, en tout, près de mille chevaliers qui frappent de grands coups et infligent de lourdes pertes à l'armée du Cambrésis. Ecumant de rage, jouant du bouclier et distribuant de grands coups d'épée, Raoul se fraye un chemin à travers la presse. Pour sûr, ceux qu'il atteint sont dans un tel état qu'ils ne retrouveront jamais la santé. Il a bientôt fait sauter plus de vingt têtes et mis en fuite un nombre impressionnant de chevaliers. Des chevaux sans cavalier errent à travers le champ de bataille, les sangles rompues, les rênes traînantes.

Le comte Raoul a donné de beaux coups mais il a oublié la promesse faite à son oncle et le voilà bien imprudemment séparé de Gerri et des autres barons qui auraient pu lui porter secours.

Devant lui, se dresse Riquier, porte-étendard de

l'armée de Bernier. Raoul s'empare d'un épieu. Il l'empoigne fermement, éperonne son cheval pour le lancer au galop et frappe Riquier juste sous la boucle de son écu. Le bois éclate. L'épieu démaille le haubert, pénètre profondément dans le corps et le traverse de part en part. Le chevalier s'effondre. L'épieu encore planté dans le corps va se ficher en terre. L'enseigne d'Ybert et de Bernier sera bientôt piétinée par les sabots des chevaux.

A peine a-t-il achevé ce combat que Raoul n'a pas le temps de souffler car, levant les yeux, il doit faire face à Jean de Ponthieu, le plus grand et le plus redoutable de tous les chevaliers. Ce géant qui a déjà tué ce jour-là plus de cent hommes a l'air si monstrueux que le comte a un premier mouvement de recul. Un instant, il se sent incapable d'affronter un tel adversaire. Mais il lui revient à l'esprit toute la bravoure de Taillefer le vaillant, son père, qui n'aurait pas renoncé au combat même contre quarante adversaires. Alors, Raoul se ressaisit. Il fait face à Jean, éperonne son cheval pour le lancer au galop et, la lance en avant, il heurte son adversaire avec une violence inouïe. L'écu se brise sous la boucle. Le haubert ne peut résister à un tel coup. L'épieu pénètre dans la poitrine du géant et la pointe lui ressort par le dos. Blessé à mort,

Jean de Ponthieu roule à terre couvert de sang.

– Cambrai, s'écrie Raoul. Frappez, barons. Les fils d'Herbert n'auront bientôt plus l'occasion de faire les bravaches. Ces soudards, ces lâches vont tous mourir.

Comme il avait un peu plu, la terre était grasse. A cause du piétinement des chevaux sur le sol humide où le sang se mêle à l'eau, il s'est formé une boue rouge, molle et collante. Les chevaux sont épuisés : leurs sabots s'enfoncent profondément dans la glaise gluante. Il y a tant de corps à terre, blessés, mutilés, enlisés dans la fange bourbeuse qu'on ne sait plus qui est mort ou seulement désarçonné.

Survient alors Ernaut de Douai qui se précipite vers Raoul en lui adressant ces reproches :

– Par Dieu, Raoul, jamais je ne t'aimerai. Je n'ai qu'un désir : te mettre à mort. Aujourd'hui, tu as tué mes neveux Bertolai et Riquier qui m'étaient très chers et tant d'autres compagnons que je ne reverrai plus par ta faute !

– C'est vrai, dit Raoul. Et ce n'est pas fini. J'en tuerai bien d'autres et le prochain, ce sera toi.

– Je défendrai chèrement ma vie, répond Ernaut. Je te défie. Que Dieu veuille bien m'assister car j'ai le droit pour moi ! Et je ne vaux pas cher si je ne t'ai pas bien vite séparé la tête du buste avec mon épée.

Les deux chevaliers, qui ont fini d'échanger des insultes, éperonnent leurs chevaux et s'élancent l'un vers l'autre. Leurs lances heurtent violemment les écus. Le choc est terrible mais les hauberts résistent. Voilà les deux adversaires à terre. Ils se relèvent aussitôt car ils sont vigoureux et reprennent le combat. Malgré leur vaillance, la peur les assaille quand ils tirent leur épée du fourreau.

Raoul assène un grand coup sur le heaume d'Ernaut et en abat les ornements et les pierreries. La coiffe du haubert résiste heureusement car le coup aurait pu lui fendre la tête du sommet du crâne jusqu'aux dents. Ernaut tombe à terre, étourdi. Se sentant perdu, il invoque l'aide de Dieu.

– J'implore votre secours et je fais serment de rebâtir le monastère d'Origny. Certes, Raoul, tu es redoutable, mais, s'il plaît à Dieu, je te ferai payer cher la mort de mes parents et amis.

Il a tôt fait de se relever et de montrer sa grande valeur. Il revient à la charge contre Raoul et, d'un coup violent, fait voler les fleurs de lys de son heaume. Raoul a le goût du sang dans la bouche. Mais la force du comte est considérable, son adresse peu commune et son épée terriblement tranchante. Une nouvelle fois, il frappe Ernaut sur son heaume. La lame dévie sur la gauche et glisse vers le buste de son adversaire avec une telle puissance qu'elle lui tranche le poing gauche qui tombe à terre encore agrippé aux énarmes du bouclier.

En bas, sur le sol couvert de son sang, Ernaut, complètement hébété, regarde son écu aux courroies duquel est restée accrochée sa main gauche. Fou de douleur, tout éperdu, il ne songe plus qu'à fuir. Il parvient non sans peine à se hisser sur son destrier et se sauve en direction d'un petit bois touffu.

Raoul le poursuit et le serre de près. Alors, en proie à la panique, car son cheval commence à s'épuiser, Ernaut implore la grâce du comte.

– Au nom de Dieu le Créateur, pardonnez-moi les coups que je vous ai portés. Je m'engage à vous servir désormais et vous abandonne toutes mes terres du Brabant et du Hainaut sans qu'il en reste même un demi-pied à mes héritiers.

Mais Raoul ne songe qu'à tuer son adversaire. Heureusement pour Ernaut, il aperçoit Rocoul, son neveu, et l'appelle au secours.

– Rocoul, aide-moi. Raoul est enragé. Il me poursuit alors qu'il m'a tranché le poing gauche m'ôtant ainsi tout moyen de me défendre. Et maintenant, c'est la tête qu'il veut me couper.

Rocoul qui est un merveilleux chevalier, fort

habile au maniement des armes, brandit sa lance et, sans hésiter, frappe Raoul sur son bouclier. Raoul réplique par un coup bien rude qui fait éclater l'écu de son adversaire. Les deux lances sont brisées sans qu'aucun des cavaliers n'ait vidé les étriers. Tous deux brandissent maintenant l'épée et se frappent furieusement sur le heaume. L'épée de Raoul glisse le long de l'écu jusqu'à l'étrivière et, au-dessous du genou, tranche un morceau de la jambe, du mollet jusqu'au pied, qui tombe sur le sol avec l'éperon.

Raoul exulte et raille cruellement son adversaire.

– Un bel avenir vous attend, vous et votre oncle. L'un de vous n'a plus qu'une main, l'autre une seule jambe. L'un sera guetteur, l'autre portier[1]. Jamais vous ne pourrez vous venger du déshonneur que je vous ai infligé.

Epouvanté, abandonnant Rocoul, Ernaut s'enfuit au galop. Raoul le talonne en lui criant :

– Personne ne peut plus m'empêcher de te trancher la tête, aucun homme et pas même Dieu.

Il n'aurait pas dû dire cela. Emporté par sa fureur, il vient de se perdre en niant la toute-puissance divine.

1. Portier et guetteur sont des fonctions peu considérées et souvent réservées à des mutilés que leur infirmité empêche de combattre.

La mort de Raoul

Ce n'est sans doute pas par hasard si c'est à ce moment précis que Bernier arrive au grand galop, bien équipé de belles armes: celles que lui avait remises Raoul quand il l'avait adoubé à la cour du roi Louis.

L'apercevant, Ernaut oublie bien vite la douleur de son poignet coupé. Son cœur exulte. Il dirige aussitôt son cheval vers Bernier dont il implore l'assistance.

– Seigneur, voyez comment Raoul m'a maltraité: il m'a tranché la main gauche.

Bernier, bouleversé, en frémit de la tête aux pieds. Il s'avance vers Raoul et, avant de l'affronter, tente une dernière fois de le raisonner.

– Seigneur Raoul, lui crie-t-il d'une voix forte, fils d'une noble dame, c'est vous qui m'avez armé chevalier mais vous me l'avez fait payer bien cher. Vous avez fait brûler ma mère, vous m'avez blessé à la tête et, maintenant combien de vaillants chevaliers venez-vous de tuer ? Lorsque vous m'avez offert réparation, aveuglé par mon sang qui coulait, par la colère et par la haine, j'ai refusé. Si vous renouvelez aujourd'hui votre proposition, je suis prêt à l'accepter. Je vous pardonne tout à la seule condition que vous fassiez la paix avec mon père et mes oncles. Nous ne pouvons plus rien, hélas ! pour tous ceux qui sont morts, mais nous pouvons au moins arrêter ce carnage.

– Bâtard, répond Raoul, tu es trop bavard et tes beaux discours ne te seront d'aucun secours car, sans plus tarder, je vais te décapiter.

Voyant que toute parole est désormais vaine, Bernier éperonne vigoureusement son cheval tandis que Raoul aussi s'élance. Les épieux heurtent avec une telle violence les écus qu'ils éclatent sous les boucles. Bernier a atteint Raoul et lui enfonce sa lance avec le gonfanon aussi loin qu'il le peut au travers du corps. Raoul aussi a frappé Bernier mais, comme le fils d'Ybert a pour lui Dieu et le droit, le coup qui aurait dû le tuer ne fait que l'effleurer. Sans perdre de temps, profitant de son avantage, Bernier revient à la charge et frappe si furieusement Raoul sur le sommet du heaume que les ornements et les pierreries se détachent et tombent à terre.

L'épée tranche la coiffe du haubert et pénètre profondément dans le crâne jusqu'à la cervelle.

Raoul s'effondre sur le col de son destrier puis tombe lourdement à terre.

– Baron, crie Bernier, on ne chantera plus vos exploits ni vos méfaits !

Mais tel qui se réjouit aujourd'hui plus tard s'en repentira comme vous l'apprendrez si vous voulez bien écouter mon histoire jusqu'au bout.

Raoul, faisant preuve d'une énergie extraordinaire, s'est redressé. Il brandit à bout de bras sa lourde épée d'acier mais ses bras se baissent malgré lui et la lame tranchante va se ficher profondément dans la glaise humide. Ses lèvres se raidissent. Ses yeux clairs et vifs se troublent. Pour la dernière fois, le comte s'adresse à Dieu.

– Glorieux Père qui dois tout juger, il y a encore bien peu de temps, personne n'aurait pu résister à mes coups. Aujourd'hui, mes forces m'abandonnent. C'est pour mon malheur que j'ai accepté l'investiture de cette terre. Je n'en ai plus besoin. Ni de celle-ci ni d'aucune autre. Ma tombe sera désormais mon seul fief.

Bernier est ému jusqu'aux larmes par l'agonie de son seigneur. Mais le comte Ernaut ne lui laisse pas le temps de se lamenter. Il demande l'autorisation de venger son poing.

– Je ne peux vous l'interdire, mais cet homme est déjà mort. A quoi bon le frapper encore ?

Tenant son épée dans la main droite, Ernaut frappe de toutes ses forces sur la coiffe déjà démaillée du haubert. La lame plonge dans la cervelle de Raoul. Mais cela ne suffit pas encore à sa vengeance ; il lui plante l'épée dans le corps jusqu'à la garde. L'âme du noble chevalier le quitte. Que Dieu, dans sa grande bonté, daigne l'accueillir auprès de lui !

Bernier pousse son cri de ralliement : « Saint-Quentin, Douai ! » et clame aussi fort qu'il le peut pour que tous puissent l'entendre :

– Raoul, le seigneur de Cambrai, est mort.

Gerri arrive, éperonnant son cheval bai. Quand il aperçoit son neveu gisant dans les labours, le crâne ouvert, la cervelle répandue jusque sur les yeux, il ne peut retenir ses larmes de désespoir.

– Quel grand malheur m'accable encore aujourd'hui ! Jamais je ne pardonnerai à ceux qui t'ont tué. Je ne serai en paix avec eux que lorsque je les aurai tous tués. Dame Alaïs, quelle triste nouvelle je vais devoir vous annoncer ! En aurai-je la force ? J'aperçois là-bas ce bâtard de Bernier. Je fais serment de lui arracher du corps le foie et les poumons.

Le vieil homme appelle ses compagnons et les charge d'aller demander une trêve, le temps de donner une sépulture à Raoul. Harduin et Bérard ont tôt fait de trouver les fils d'Herbert qui manifestent une joie sans retenue à l'annonce de la mort du comte de Cambrai. Ybert le chenu accorde volontiers aux messagers la trêve demandée, le temps d'enterrer Raoul et même jusqu'au jour du jugement dernier, s'ils le veulent.

A partir de midi sonnant, l'heure convenue pour l'arrêt des combats, chacun parcourt le champ de bataille et mesure l'étendue du carnage. Quelle tristesse de retrouver morts un oncle, un père, un enfant, un compagnon! Gerri est tellement affligé par la mort de Raoul qu'il en oublierait presque ses deux fils. Apercevant la dépouille de Jean, le plus grand des chevaliers de France que Raoul avait vaincu et mis à mort, Gerri place le corps gigantesque à côté de celui de son neveu. De son épée tranchante, il leur ouvre la poitrine et en retire le cœur. Il les place tous les deux côte à côte sur un bouclier doré pour les comparer. Le premier, celui de Jean, le géant, n'est pas plus gros que celui d'un enfant alors que le cœur de Raoul a bien la taille de celui d'un taureau.

– Nobles compagnons, approchez-vous, s'écrie Gerri et venez voir comme le cœur de Raoul est à l'image de son courage. Bernier, félon, bâtard, tu as tué celui qui t'avait fait chevalier. La paix ne sera possible que lorsqu'à toi aussi je t'aurai sorti le cœur de la poitrine.

L'enterrement de Raoul

Gerri s'éloigne tristement avec cent quarante hommes, les seuls survivants des dix mille engagés à ses côtés dans cette terrible guerre. Parmi eux, certains sont grièvement blessés mais pas un seul ne songerait à se plaindre ou à se révolter. Contemplant les morts et les blessés, Gerri ne peut retenir ses sanglots. D'un revers de main, il essuie les larmes qui coulent sur ses joues. Le cœur l'oppresse. Il se sent défaillir.

Les fils d'Herbert n'ont guère plus de raisons de se réjouir. Ils ne sont que trois cents survivants sur une armée de onze mille hommes. Chacun d'eux pleure aussi un père, un frère, un fils ou un proche parent. L'armée victorieuse qui se dirige vers Saint-Quentin ressemble à un cortège funèbre.

A Cambrai, dame Alaïs a perdu l'appétit et le sommeil à cause de la malédiction qu'elle avait proférée à l'encontre de son fils trois jours auparavant. A un moment où elle s'était seulement assoupie, elle a fait un terrible songe : Raoul le hardi revenait du combat revêtu d'une robe de soie verte que Bernier avait toute déchirée. Réveillée par un sursaut d'angoisse, elle entendit du bruit et sortit de la grande salle du palais. C'était Amaury, un chevalier qui avait grandi auprès d'elle, qui s'en revenait du champ de bataille.

– Où est mon fils ? lui demanda-t-elle sans même prendre le temps de le saluer.

Mais Amaury ne put répondre. Il avait reçu un coup d'épieu et se serait écroulé à terre en descendant de cheval si un bourgeois ne l'avait reçu dans ses bras. A ce moment-là, une clameur s'élève de toutes parts : « Raoul est mort et Gerri est prisonnier. »

Pour la noble dame, l'ampleur du désastre est bientôt une certitude lorsqu'elle voit entrer dans la ville les bons destriers aux arçons rompus, sans leurs cavaliers qui ont trouvé la mort au combat. Puis elle aperçoit quatre chevaliers portant sur un large bouclier le corps de Raoul, la tête inclinée, encore coiffée de son heaume doré[1]. Ils le conduisent jus-

1. « Cette manière de déposer, à la mode des Spartiates, sur un écu le cadavre d'un chevalier mort en combattant se reproduit quelques fois dans nos vieilles chansons de geste ». (E. Le Glay, *Op. cit.* p. 138). C'est ce que Gerri n'a pu faire pour ses fils.

qu'à l'église Saint-Géry, le déposent dans un cercueil autour duquel ils placent quatre croix d'or et de nombreux encensoirs d'argent. Plusieurs prêtres président à la veillée funèbre.

Le lendemain, alors qu'on célèbre avec beaucoup de solennité l'office des morts, Alaïs, en proie au chagrin, est assise dans un grand fauteuil, face au cercueil. Elle pleure abondamment et ne peut retenir ses lamentations qu'entendent tous les chevaliers assemblés.

– Seigneur, comme je regrette la colère qui, l'autre jour, m'a fait maudire mon fils alors qu'il valait mieux que Roland et Olivier ! Cher fils, comme je t'aimais ! Je t'ai élevé jusqu'à ce que tu puisses porter les armes. Mon frère, le roi de France, te fit chevalier. Toi, tu commis la folie d'adouber ce bâtard de Bernier qui t'a remercié de ta générosité en te tuant près d'Origny alors qu'il était ton homme lige.

Elle pâlit, défaille et tombe évanouie. On s'empresse autour d'elle pour la relever. Nombreuses sont les dames qui, touchées par ce deuil, ne peuvent retenir leurs larmes et éclatent en sanglots.

Gerri, à son tour, entre dans l'église. Il se dirige vers le cercueil et soulève le voile qui le recouvre.

Il contemple la dépouille de son neveu. Le chagrin l'accable. Les forces lui manquent. Il s'effondre, terrassé par son immense douleur.

Dame Alaïs qui a repris connaissance adresse au vieil homme ces durs reproches :

– Seigneur Gerri, qu'avez-vous fait de l'enfant que je vous avais confié ? Vous avez bien mal protégé votre neveu ! Qui donc pourra encore avoir confiance en vous ?

Ces paroles injustes blessent cruellement le vieux Gerri. Il sent la colère monter en lui, roule des yeux, fronce les sourcils. Si c'était un homme qui avait ainsi parlé, il aurait payé très cher de tels propos.

– Madame, écoutez ce que j'ai à vous dire. Pour ramener ici le corps de mon neveu, j'ai abandonné mes deux fils qui ont été massacrés sous mes yeux. Bernier a tué Raoul à un moment où il s'était éloigné de moi. Je n'ai vraiment rien pu faire pour le sauver.

– Si encore il avait été tué par un grand seigneur, et non par ce bâtard de Bernier, ma peine en aurait été un peu plus légère ! soupire la dame. A qui laisserai-je ma terre ? Je n'ai plus d'héritier si ce n'est le fils de ma fille, le jeune Gautier.

On porte donc la nouvelle au jeune homme. Il

vient à Cambrai sans perdre un instant et se dirige vers l'église pour se recueillir devant la dépouille de Raoul. Il soulève le voile qui recouvre le corps de son oncle. Le sang coule encore de la large plaie. L'enfant en est bouleversé.

– Mon oncle, soupire-t-il, je jure que celui qui nous cause cette grande peine à tous, jamais je ne l'aimerai. Je me consacrerai sans relâche à sa perte. Je le brûlerai ou je le détruirai, ce vil bâtard. Si je vis assez longtemps pour être armé chevalier, je le poursuivrai quel que soit l'endroit où il aura trouvé refuge. Je lui tirerai le cœur de la poitrine et je le couperai en cent morceaux. C'est le prix qu'il faudra payer pour que le pays retrouve la paix.

En entendant ces paroles, Gerri hoche la tête et murmure :

– Si Dieu prête vie à Gautier, c'est moi qui l'armerai chevalier et Ybert s'en repentira.

– Cher enfant, lui dit dame Alaïs, c'est toi qui, dans bien peu de temps, hériteras de ces terres qui sont miennes. Je ne doute pas que tu en seras digne.

Héloïse, la fiancée de Raoul, arrive à son tour, somptueusement vêtue d'une robe de soie de Pavie. C'est une fille merveilleusement belle, à la peau blanche comme fleur épanouie, aux joues vermeilles comme une rose rouge. La regarder est un ravissement pour les yeux. Elle entre dans l'église, éplorée et clamant sa peine.

– Seigneur Raoul, quelle cruelle séparation ! Beau et doux ami, vous n'embrasserez plus votre compagne. Votre mort m'est insupportable. Quand vous chevauchiez, vous aviez la prestance d'un roi marchant à la tête de ses barons. Quand vous aviez revêtu votre armure, coiffé votre heaume et que vous aviez l'épée au côté, aucun chevalier n'était aussi beau ni aussi vaillant que vous. Hélas ! Voici déjà la fin de notre grand mais trop court amour. Mort félonne, tu fus bien hardie d'avoir osé t'attaquer à un tel chevalier ! Raoul, je n'aurai point d'autre ami que vous. Quand je pense que vos yeux clairs et votre bouche que j'aimais tant ne me verront plus, ne m'embrasseront plus, qu'ils sont maintenant sans vie et vont bientôt pourrir puis se décomposer en terre, je me demande comment il se fait que mon cœur arrive encore à battre dans ma poitrine.

A ces mots, elle pâlit. Ses forces l'abandonnent. Elle tombe sans connaissance. Les barons s'empressent de la relever.

– Dame Alaïs, dit la jeune fille quand elle a repris ses esprits, votre peine est bien grande. Elle vous étreint depuis deux jours et ne s'apaisera jamais. Moi, je viens juste d'arriver. Allez vous reposer. Laissez-moi prendre en charge l'ordonnance des funérailles. Gerri, noble seigneur, ôtez à Raoul son haubert et son heaume, ses armes et tout son équipement avant que notre séparation soit totale et définitive.

Gerri fait ce qu'a demandé la tendre et énergique demoiselle. Une dernière fois, elle couvre de baisers la bouche et serre contre le sien le corps de son ami. Ensuite, on le revêt comme il convient à un prince vaillant. L'évêque chante la grand-messe puis on inhume Raoul à l'intérieur de l'église, à côté de son père, le comte Taillefer. Bien des gens sont venus depuis se recueillir sur les deux tombes en l'église Saint-Géry de Cambrai.

Après la cérémonie, les vaillants chevaliers ont pris congé et s'en sont allés. Gerri le Roux, dont les cheveux sont maintenant tout blancs, est retourné à Arras, la ville dont il est le seigneur, pour se reposer et reprendre des forces, ce dont il avait grand besoin. Héloïse, le visage grave, est repartie pour Abbeville en Ponthieu. Beaucoup de nobles seigneurs et de princes l'ont demandée en mariage, mais elle les a tous refusés. Seul, le jeune Gautier est resté à Cambrai auprès de dame Alaïs.

La trêve dura cinq ans. Dès qu'il eut la force de

monter sur un destrier et de manier les armes, Gautier consacra tous ses efforts, ainsi qu'il en avait fait le serment, à venger la mort de son oncle et ranima la terrible guerre.

IV
LA VENGEANCE

La reprise des hostilités

C'était le jour de la Pentecôte. Les prés étaient verts et les arbres couverts de fleurs. La nouvelle tant attendue s'est répandue dans la ville de Cambrai : « Le comte Gerri arrive d'Arras avec une suite brillante de cent chevaliers bien équipés. » Dame Alaïs qui l'aime beaucoup ne peut contenir sa joie de le revoir enfin. Elle a quitté ses appartements pour se précipiter à sa rencontre.

– Seigneur, il y a bien longtemps que je n'avais pas eu le plaisir de vous voir.

– Madame, la guerre que nous avons livrée a été si rude que j'ai dû attendre que mes nombreuses blessures soient tout à fait guéries. Voilà près de cinq ans que je n'étais pas monté à cheval. A présent, je me sens plus fort et plus vaillant que jamais.

Dame Alaïs l'a longuement serré dans ses bras puis tous deux sont montés dans la grande salle du palais où les attendait le jeune Gautier.

– Beau neveu qui m'êtes si cher, comment allez-vous ? lui a demandé Gerri.

– Fort bien, mon oncle. Vous me voyez grand et fort, apte à porter les armes. Faites-moi chevalier. Voilà trop longtemps que nous laissons Bernier en paix. Qu'attendons-nous pour troubler un peu son repos ?

– En vérité, répondit Gerri, cela me démange aussi.

Dame Alaïs, alors, s'est occupée de faire préparer une chemise, des braies, des éperons d'or fin et une riche tunique de soie brodée d'hermine. Elle fit ensuite porter au monastère tout l'armement du futur chevalier.

A l'issue de la messe célébrée par un évêque, Gautier fut adoubé comme il le souhaitait. Gerri lui ceignit au côté l'épée qui avait appartenu à Raoul, le noble guerrier.

– Cher neveu, que Dieu te protège. Je te fais aujourd'hui chevalier pour que tu te montres intraitable envers tes ennemis et que tu n'hésites pas à secourir et assister tes amis.

La cérémonie terminée, on lui amena un fougueux destrier. Gautier est monté en selle sans même se servir de l'étrier. On lui remit alors un écu divisé en quartiers, décoré de deux lions dorés, et une lance droite, lisse, en bois de pommier, ornée d'une enseigne et ferrée à son extrémité.

Le voyant si magnifiquement équipé qui chevauchait avec tant de prestance, personne dans l'assistance ne put se retenir de s'exclamer :

– Quelle fière allure a ce chevalier !

Dame Alaïs pour sa part, émue jusqu'aux larmes, retrouve en lui l'enfant perdu qu'elle aimait tant, qui lui a été ravi par Bernier voilà cinq années près d'Origny.

Arrêtant sa monture, Gautier, de sa voix puissante et grave, a lancé cet appel solennel :

– Oncle Gerri, j'ai grand besoin de votre assistance. Je voudrais dès ce soir marcher sur Saint-Quentin à la tête d'une armée de mille chevaliers. Demain, à l'aube, nous tendrons une embuscade dans un petit bois et, pendant ce temps-là, nous enverrons cent chevaliers fourrager à travers le pays et incendier les environs afin que Bernier, ce fourbe, comprenne bien que je veux lui faire la guerre.

– Tu es mon digne héritier ! s'est exclamé Gerri. Bernier, qui a tué Raoul que j'aimais tant, a coulé trop de jours paisibles en ce pays depuis son forfait. Aux armes, barons, marchons avec mon beau neveu.

Gerri et Gautier ont mandé leurs parents et

amis, rassemblé leurs vassaux et alliés. Le soir même, ils ont réuni un millier de chevaliers, tous revêtus d'un blanc haubert. L'armée quitte aussitôt le Cambrésis et marche sur le Vermandois.

Comme prévu, on dresse une embuscade dans un petit bois tandis que cent chevaliers vont ravager la campagne environnante, capturant de nombreux prisonniers, amassant un important butin: des bœufs, des vaches, des chevaux et des roncins. La nouvelle arrive bien vite jusqu'aux portes de Saint-Quentin. Elle attriste Bernier qui devient morne et pensif.

– Depuis la mort de Raoul, la guerre et le pillage avaient cessé. Le jeune Gautier a donc pris les armes à son tour et veut ainsi nous signifier qu'il est notre ennemi mortel. Le message est clair. Que chacun fasse très attention car, si la guerre recommence, elle sera impitoyable et la seule rançon que nous devrons payer sera le prix de notre vie.

Bernier s'équipe. Avec lui, Eudes de Roye et Ybert aux cheveux gris. Ils montent sur leurs destriers aux longues crinières, l'un pommelé, l'autre gris. Quant à Ybert, il chevauche le cheval noir sur lequel fut abattu Raoul de Cambrai. Ils sortent de la ville en toute hâte à la tête d'une armée de cinq cents hommes, tous revêtus de leurs hauberts, et se lancent à la poursuite des chevaliers pillards. Ils atteignent bientôt le petit bois où est tendue l'embuscade.

Gerri le Roux s'écrie :

– Cambrai ! Par Dieu, bâtard, ton heure a sonné. Tu vas enfin payer la mort de mon neveu.

Reconnaissant la voix du vieux Gerri, Bernier est à la fois surpris et effrayé. Il lui faut, sans perdre de temps, réagir et frapper. Le combat commence. De nombreuses lances sont brisées, autant d'écus transpercés, de bons hauberts rompus et démaillés ; la prairie est vite jonchée de morts et de blessés. Celui qui est tombé à terre ce jour-là l'a fait pour la dernière fois, et si froid que soit le temps, il n'aura plus jamais besoin de couverture ni de manteau.

Ayant brisé leurs lances, Gerri et Gautier ont tiré l'épée du fourreau. A eux deux, ils ont déjà tué trente chevaliers et en ont capturé cinquante autres.

On ne sait où est passé Ybert. Eudes bat en retraite.

– Dieu, soupire Bernier en s'enfuyant, quand le vieux Gerri sera-t-il assez las ? Il semble renaître à la vie chaque fois qu'il s'agit de frapper de grands coups.

L'effet de surprise passé, l'armée du Vermandois

se regroupe un peu plus loin. Près de cinq cents archers et arbalétriers ont quitté Saint-Quentin pour venir en renfort. La mêlée reprend de plus belle.

Apercevant Gerri, Bernier lui lance :

– Cette guerre est insensée. Tant de barons ont déjà trouvé la mort qu'on n'en sait même pas le nombre exact. Libérez les prisonniers que vous venez de faire. Je vous le demande. Je vous en supplie.

– Qui est cet homme ? demande le jeune Gautier. Veut-il s'emparer des prisonniers pour toucher la rançon ?

– Non, lui répond Gerri. Il s'agit de Bernier. C'est notre ennemi juré. Laissons ce félon et retournons à Cambrai car des renforts ne cessent de lui arriver.

– Pas avant de lui avoir montré de près le fer de ma lance, répond le farouche Gautier.

Il éperonne son cheval pour le lancer au grand galop. Il lève sa lance dont le gonfanon se déploie et va frapper Bernier d'un coup si rude qu'il perce le blason de l'écu, sous la boucle, fausse les mailles du haubert et blesse cruellement son adversaire au côté.

Sous le choc, son pied droit ayant vidé l'étrier, Bernier est renversé en arrière sur la croupe de son cheval. C'est un miracle qu'il ait échappé à la mort.

– Chien de bâtard, c'est le diable en personne qui vient de te sauver la vie. Cette guerre, c'est toi qui l'as commencée en tuant mon oncle Raoul alors que tu étais son homme lige. Si les renforts ne vous arrivaient pas en si grand nombre, je t'aurais infligé une terrible pénitence avant même que tu aies eu le temps de te confesser.

Très vite, Bernier, qui est robuste et vaillant, a rechaussé son étrier. Il tire son épée d'acier bien tranchante et frappe Gautier sur son heaume orné de pierreries. Il en brise le cercle d'or. La lame entame le nasal. Si la coiffe du haubert n'avait pas résisté, le combat aurait été définitivement terminé pour Gautier. Le jeune homme en est tout étourdi.

Bien que Gautier ait persiflé et cherché à l'humilier par des propos blessants, Bernier s'efforce à présent de lui parler courtoisement.

– Maintenant que tu as montré ta vaillance, écoute-moi. J'étais son homme lige, cela est vrai, mais Raoul était un être démesuré. Il a fait brûler ma mère ; il m'a frappé à la tête. Je l'ai ouvertement défié devant sa tente et personne n'a le droit de me reprocher de l'avoir tué traîtreusement. Tu es son neveu et je ne veux pas agir avec toi de manière déloyale. Cette guerre n'a que trop duré. A quoi bon tant de morts ? Je ne souhaite plus qu'un chose : faire la paix.

– Bernier, lui répond Gautier, je veux venger la mort de Raoul mais je ne peux supporter que cette vengeance entraîne la mort de tant de bons chevaliers. Convenons d'un jour où nous combattrons tous les deux, seul à seul, sans que personne ne le sache, sauf deux témoins qui iront annoncer dans chaque camp lequel de nous deux aura trouvé la mort.

– J'accepte. J'aurais cependant préféré que nous fassions tout de suite la paix. Mais, puisque tu le veux ainsi, donne-moi la main pour sceller notre accord. Je te promets loyalement qu'il n'y aura que nous et les deux témoins convenus pour porter la nouvelle à nos parents et amis.

Tandis qu'ils parlent ainsi, estimant que le butin est assez important et qu'il serait déraisonnable de s'attarder davantage tant les renforts reçus par Bernier sont nombreux, Gerri fait sonner le rappel et battre en retraite.

Bernier s'en retourne à Saint-Quentin et Gautier à Cambrai. Dame Alaïs, fort inquiète, a aperçu de loin l'armée qui revenait. Elle est tout de suite venue à la rencontre de Gerri et lui a demandé :

– Seigneur, dites-moi sincèrement ce que vous

pensez du chevalier que vous venez d'adouber.

– Madame, il a donné de beaux coups et a livré aujourd'hui au moins trente combats. Aucune armure ne peut lui résister. Il s'est même mesuré au bâtard et l'a fort malmené.

– C'est le légitime héritier de ma terre, s'exclame la dame, et le digne successeur de Raoul de Cambrai !

Les duels

Le jour fixé pour le duel, Gautier s'est levé au petit matin. Afin de garder le secret, il s'est équipé tout seul, sans l'aide d'aucun serviteur. Ayant revêtu son haubert, coiffé son heaume et ceint l'épée au côté gauche, d'un bond, il est monté sur son cheval. Il s'est choisi avec soin un épieu bien droit, au fer long et acéré et un bouclier aux solides énarmes. Ainsi équipé, avec ses éperons dorés, Gautier a fière allure : beau, mince, élancé, il n'a personne à envier.

Il se dirige vers les portes de la ville où l'attend celui qui sera son témoin : Gerri, lui aussi tout équipé de belles armes. Une nouvelle fois, voici les deux amis réunis, le jeune homme et le vieillard. Nulle part, il n'en est de plus beaux, de mieux armés ni de plus fidèles l'un envers l'autre. Quelle merveille de les voir chevaucher côte à côte !

Bernier aussi s'est levé de bonne heure. Vous pouvez être certains que c'est avec beaucoup de soin qu'il a procédé au choix de ses armes. Il les a revêtues avant d'aller trouver son vieux père pour prendre congé de lui en ces termes :

– Seigneur, demeurez ici et priez Dieu pour moi car je ne sais pas si nous nous reverrons.

Accompagné d'un courageux vassal richement équipé, nommé Aliaume de Namur, Bernier s'en va à travers les champs et les prés.

Bientôt, les quatre hommes se retrouvent à l'endroit convenu pour le duel. Gerri rappelle à Gautier :

– Beau neveu, songe à bien te battre. Voici celui que tu attendais. Il a tué ton oncle et tu dois le lui faire payer cher. Inutile de t'inquiéter de l'autre : j'en fais mon affaire.

Bernier éperonne son bon destrier à la longue crinière pour le lancer au galop. Gautier, bien couvert de son écu qu'il tient d'une poigne ferme, adresse à Bernier ce salut plein de morgue :

– Bâtard, je t'ai laissé en paix trop longtemps. C'est pour ton malheur comme pour le nôtre que tu as tué Raoul de Cambrai. J'aurai vite fait de te faire sauter la tête du buste.

– Tu es bien présomptueux ! Pour ma part, j'ai confiance en Dieu et en mon droit.

Ils s'élancent et s'attaquent avec vigueur. Du

premier coup, les lances ont heurté les écus et les ont brisés sous les boucles. Les chevaux arquent le dos sous la violence du choc.

– Dieu, soupire Gerri, le combat sera rude ! Protégez mon neveu.

Bernier et Gautier laissent filer leurs chevaux pour souffler un peu avant un nouvel assaut.

En ce temps-là, la coutume voulait que, lorsque deux barons s'affrontaient en combat singulier, chacun puisse disposer de deux bons épieux. Le premier étant rompu, chacun va donc chercher le second qu'il avait planté dans le champ. Ils s'élancent pour une nouvelle charge. Gautier a manqué son coup, mais Bernier a heurté si violemment son adversaire qu'il lui a transpercé l'écu et rompu les mailles du haubert. La lance, toutefois, n'a pas pénétré profondément dans la chair.

– Dieu, s'exclame Gerri, j'ai trop attendu ! Mon neveu est presque mort et ce maudit bâtard n'a toujours pas eu la tête tranchée.

– Prenez garde, dit Aliaume qui le surveillait. Je ne vous laisserai pas intervenir dans ce combat.

– Oncle Gerri, ne vous inquiétez pas sans raison, lui crie Gautier, le bâtard ne m'a même pas blessé.

A nouveau, les deux chevaliers relancent leurs destriers au grand galop. Le choc est terrible. Les lances se brisent. Les écus éclatent et volent en morceaux.

Ayant fait demi-tour, les deux adversaires reviennent immédiatement à la charge. Ils tirent les épées tranchantes qu'ils portent au côté. Gautier, en proie à la colère, frappe Bernier sur le sommet de son heaume dont il fait voler les pierreries et les ornements. Le cercle éclate. Si la coiffe du haubert n'avait pas résisté, l'épée aurait pu fendre le malheureux de la tête jusqu'aux épaules. Il s'en faut de peu que Bernier, qui a le goût du sang dans la bouche, ne tombe de son destrier.

– Par Dieu, bâtard, lui crie Gautier, avoue-toi vaincu. Le jour est venu pour toi de payer le meurtre de mon oncle.

Mais Bernier, loin de renoncer ou de se dérober, revient à la charge. Les deux jeunes gens s'empoignent si violemment sous les écus qu'ils vident les étriers et tombent à terre. Ils se remettent aussitôt debout et reprennent le combat. Les armures étincellent sous le soleil. Les épées dont l'acier poli scintille à la lumière ont tôt fait de réduire en miettes ce qui restait des boucliers et entament profondément les heaumes.

– Pourceau, dit Gautier, tu es bien près de trébucher. Je vais te trancher la tête.

– Vraiment ! Je crois, pour ma part, que dame Alaïs va bientôt devoir se chercher un autre héritier, lui rétorque Bernier.

Leur fureur ainsi attisée par les insultes qu'ils échangent, les jeunes gens frappent de plus en plus belle. Les coiffes des hauberts sont fendues et déjà quelques mèches de cheveux ont volé. Un coup le long du buste arrache cent mailles du haubert de Bernier et lui entaille le côté.

– Toute cette chair était superflue. Je n'en serai que plus léger pour combattre ! s'exclame-t-il.

Il trouve au fond de lui-même assez de force pour assener à Gautier un coup si violent sur le heaume que le jeune homme en a les yeux révulsés.

– Avoue-toi vaincu, lui crie Bernier, car tu es bien jeune pour que je te tue.

Gautier qui est resté un instant hébété, la bouche pleine de sang, a juste la force de répliquer :

– Tu parles trop, bâtard. Avant que le soleil ne se couche, je tiendrai ton cœur entre mes mains.

– Dieu ! s'exclame Aliaume, ils vont s'entre-tuer et mourir tous les deux. Seigneur Gerri, il est grand temps pour nous d'intervenir afin de mettre un terme à ce combat.

Les deux vieillards s'interposent et, non sans mal, séparent les impétueux jeunes gens. Ils les font asseoir non loin l'un de l'autre, au milieu du pré.

Aliaume s'empresse auprès de Bernier dont la gravité des blessures et la pâleur du visage ne manquent pas de l'inquiéter grandement.

– Je suis bien près de mourir, soupire Bernier, et Gautier ne vaut guère mieux. Mais vous, Aliaume, avez-vous songé à ce que diront nos parents et amis s'ils vous voient revenir ainsi, sain et sauf, avec un bouclier intact? Ils se moqueront de vous pour notre grande honte à tous deux.

– J'accepte d'aller affronter Gerri à la seule condition que le premier qui sera désarçonné s'avoue vaincu et concède au vainqueur son cheval avec la selle.

Le vieux Gerri, dont les cheveux et la barbe sont plus blancs que roux, ne semble pas disposé à accepter de bon gré cette proposition.

– Aliaume, nos familles n'ont jamais été ennemies. Rien ne nous oppose l'un à l'autre. Renonçons à ce combat qui n'a aucune raison d'être.

– Vous avez entendu ce que m'a commandé Bernier. C'est une question d'honneur. Je ne veux encourir aucun blâme.

– Puisque c'est ainsi, je ne veux pas, moi non plus, passer pour lâche comme un faucon lanier qui ne s'attaque qu'à des proies plus petites que lui. Nous allons donc nous battre.

Les deux hommes se sont équipés comme il convient puis, montés sur leurs destriers rapides, ils se sont éloignés l'un de l'autre pour prendre beaucoup d'élan, car ils ont l'intention de frapper fort.

Il fallait les voir alors s'élancer l'un vers l'autre au grand galop, la lance en avant, prêts à frapper. Gerri a manqué son coup alors que la lance d'Aliaume a heurté son écu et, après l'avoir percé sous la boucle centrale, est allée lui démailler le haubert avant de s'enfoncer dans la chair. Du flanc gauche de Gerri, le sang jaillit jusque sur le bouclier mais le chevalier n'a pas été désarçonné et ses pieds n'ont même pas quitté les étriers.

– Vraiment, tu as cherché à me blesser ! Ce jeu n'est pas anodin. Puisque c'est ainsi, tu vas me le payer cher.

En colère contre lui-même pour avoir manqué son coup et furieux d'avoir été blessé, Gerri reprend de l'élan, brandit sa lance droite et acérée et va frapper Aliaume sur son écu avec une telle force qu'il en fait éclater un quartier au-dessous de la boucle. La lance traverse les mailles du haubert et blesse cruellement Aliaume qui tombe lourdement à terre. Tout de suite, il s'est relevé et est remonté sur son cheval qui ne s'était pas sauvé.

– Gerri, s'écrie-t-il, oubliant, dans la fureur du combat, les conditions initialement convenues, vous m'avez fait tomber de cheval mais vous allez avoir droit au tranchant de mon épée. Pour rien au monde, je n'abandonnerai ce combat avant de vous avoir tranché la tête.

– Vous tenez des propos insensés, répond Gerri. Prenez bien garde à vous, car jamais encore je ne me suis avoué vaincu.

Lâchant la bride de son destrier, il brandit sa lance dont la bannière se déploie et va frapper Aliaume sur son écu déjà fort mal en point. Le fer traverse le bois, transperce le haubert et pénètre dans le ventre de toute la longueur de la hampe, jusqu'à la bannière. Aliaume s'effondre. Tandis qu'il retire son arme, Gerri lui crie :

– Seigneur Aliaume, pour avoir voulu vous mesurer trop rudement à moi, les boyaux vous sortent maintenant du corps. Apprenez qu'on ne joue pas impunément avec un vieux renard comme moi. J'ai bien mérité votre cheval : la bête et la selle. C'était, me semble-t-il, le gage convenu et vous n'en aurez plus besoin.

Blessé à mort, Aliaume porte la main à son cœur et soupire :

– Hélas, je ne reverrai pas Saint-Quentin!

Bernier, accablé de chagrin par la tournure inattendue des événements, se lève avec peine et, soutenu par Gautier, s'approche de son compagnon qui agonise.

– Seigneur Aliaume, j'ai bien peur que vous ne surviviez pas à cette blessure.

– La question ne se pose même pas. Je ne reverrai ni ma terre ni mes enfants. Bernier, prenez soin d'eux, car c'est à cause de votre orgueil que je vais mourir. Assistez-moi, je vous en prie, dans mes derniers instants.

– Je n'en ai plus la force, répond Bernier qui, lui aussi, est fort mal en point.

Alors c'est Gautier qui s'approche du mourant, lui tourne le visage vers l'orient et recueille son ultime confession.

Pendant ce temps, monté sur le cheval qu'il vient tout juste de conquérir, Gerri revient trouver Gautier. Il met pied à terre près de Bernier qui lui adresse ces reproches plein de morgue et de haine:

– Gerri vous avez traîtreusement tué Aliaume.

– Par saint Denis, tu dis n'importe quoi, minable. J'étais en pleine forme et en pleine santé lorsque ton compagnon m'a provoqué. Il m'a sérieusement blessé au côté gauche. Tu aurais sans doute préféré que ce soit Aliaume qui me tue !

Il s'avance alors, fort irrité, vers Bernier qui, le voyant venir, prend peur. Se sentant perdu, tout son courage l'abandonne. Il ne lui reste plus qu'à se tourner vers Gautier et implorer son secours.

– Seigneur Gautier, ne le laisse pas me tuer. Il était convenu entre nous que je n'aurais que toi pour adversaire aujourd'hui.

– Cela est vrai mais il est bien difficile d'apaiser la fureur de mon oncle quand on l'a poussé à bout. Bien que tu sois toujours mon ennemi, je vais faire ce qu'il faut pour te tirer d'affaire.

Il aide Bernier à se relever, lui tient l'étrier afin qu'il puisse monter à cheval et, pour sa sécurité, l'escorte sur une demi-lieue. Bernier s'en retourne alors à Saint-Quentin tandis que Gautier rejoint Gerri. Chevauchant côte à côte, le vieillard et son neveu regagnent la bonne ville de Cambrai.

Dame Alaïs, qui attendait leur retour avec angoisse, s'est précipitée à leur rencontre.

– Seigneurs, dit-elle, vous êtes tous les deux couverts de sang. Si vous n'agissez pas à l'avenir avec plus de sagesse, cette guerre causera bientôt votre perte.

– Madame, si Dieu le veut bien, nous guérirons,

répondent les nobles guerriers. Faites venir de bons médecins. Quand nous serons parfaitement rétablis et que nous pourrons remonter à cheval, nous saurons bien alors faire ce qu'il faut pour anéantir nos ennemis.

La vengeance de Raoul n'est toujours pas accomplie. Ce n'est pas encore aujourd'hui que la paix sera rétablie entre les deux familles.

Panique à la cour du roi Louis

Cette année-là, pour la Pentecôte, l'empereur avait mandé ses barons. Il y en avait tant que je ne peux vous en dire le nombre exact. Sachez que l'assemblée était nombreuse et prestigieuse, tous les grands vassaux ayant répondu à l'appel royal. Il y avait, bien sûr, Gerri et Gautier mais aussi Eudes le Sage, Ernaut auquel Raoul avait tranché le bras à la bataille d'Origny et, pour le malheur de tous, Bernier et ses proches parents.

Après avoir écouté la messe, les barons sont montés dans la grande salle pavée où le sénéchal les a avertis que quiconque déclencherait une querelle en ces lieux serait, le même jour, puni de mort.

C'est justement à ce moment-là qu'apercevant Bernier, Gerri porte la main à son épée. Heureusement, Gautier, à qui ce geste n'a pas échappé, repousse l'arme dans le fourreau et recommande à son oncle un peu de modération.

Lorsque vint le moment de prendre place autour des tables, le sénéchal commit une grande maladresse en plaçant ensemble Bernier et Gautier, Gerri le Roux et Ybert le guerrier et, à côté d'eux, les fils d'Herbert avec Ernaut le manchot. Gerri aurait bien lancé un couteau en direction de Bernier si Gautier, une nouvelle fois, ne l'avait empêché de commettre une pareille folie.

Au cours du repas, on apporte devant Gerri un quartier de cerf. L'irascible vieillard s'empare de l'os de la cuisse et en frappe à la tempe Bernier dont il ne peut vraiment pas supporter la présence. Le sang jaillit et lui coule sur le visage. Fou de rage d'avoir subi un tel affront en présence de l'assemblée des barons, Bernier se lève de table et va assener à Gerri un coup si violent derrière la nuque que le vieil homme en tombe en avant, face contre table. Gautier, qui a bondi pour aider son oncle, empoigne Bernier par les cheveux. Alors, ce sont Ybert, Eudes, Louis, le plus jeune des fils d'Herbert, qui se sont levés, l'épée au poing.

Gerri s'empare d'une perche et Gautier saisit un grand couteau. Des deux côtés, on est prêt à se battre et à vendre chèrement sa peau mais des sergents accourent, s'interposent entre les deux camps et mènent ces hôtes trop turbulents devant le roi de France. Celui-ci demande :

– Qui a commencé cette mauvaise querelle ?

– C'est Gerri le Roux qui a agressé Bernier, disent de nombreux chevaliers.

– Par saint Jacques, je rendrai justice de cette faute comme je m'y suis engagé.

Mais Gerri, qui ne s'en laisse pas conter, adresse au souverain ces fières paroles :

– Empereur légitime, cette situation est insupportable. Comment pourrais-je tolérer la présence à ma table ou à la vôtre de ce pourceau, ce traître meurtrier de mon neveu Raoul qui était aussi le fils de votre sœur ? On devrait vous mépriser de tolérer qu'il soit encore en vie.

– C'est faux, se défend Bernier. Il est vrai que j'ai tué Raoul mais je l'avais publiquement défié auparavant. Et, si vous-même cherchez la bataille, je suis tout disposé à être votre adversaire, mais je vous assure qu'avant ce soir vous vous en repentirez.

Ce défi réjouit fort Gerri qui n'a qu'une envie : se jeter sur Bernier comme l'épervier sur l'alouette. Mais le jeune Gautier s'est avancé et, malgré l'opposition de son oncle, demande à l'empereur le droit d'être celui qui affrontera le meurtrier de Raoul. Le roi leur accorde ce combat mais exige en contrepartie que chacun fournisse des otages et, par précaution, afin d'éviter que d'autres chevaliers ne soient tentés de s'interposer, il ordonne que ce combat ait lieu sur l'autre rive de la Seine.

Les jeunes gens sont retournés à leurs hôtels pour s'équiper. A leur retour, on leur fait traverser la Seine dans des barques différentes. Là-bas, le roi a fait apporter les saintes reliques. Le vent fait frissonner le voile de soie sur lequel on les a posées. Les reliques semblent frémir au grand étonnement de tous ceux qui sont là. Est-ce un présage ? Quelle est sa signification ?

Bernier se tient droit et prête serment en ces termes :

– Par les saints dont les restes sacrés sont ici présents, par tous les saints et par Jésus qui mourut sur la croix, je jure que c'est à bon droit que je me suis vengé de Raoul et que c'est à tort que Gautier me reproche de l'avoir tué.

– Et moi, j'affirme que Bernier vient de se parjurer, réplique Gautier, et que je le materai aujourd'hui même.

Tout deux sont montés sur leurs destriers. Gautier a beau être très jeune et nouvellement adoubé, c'est en chevalier accompli qu'il attaque Bernier, son aîné de plusieurs années. Dès le premier coup, il a fait éclater l'écu de son adversaire ; la lance a rompu les mailles du haubert et le fer a pénétré dans le côté de Bernier, lequel est désarçonné sous la violence du choc.

– Bâtard, s'écrie Gautier, tu auras du mal à t'en remettre.

– Tais-toi donc. Il n'est pas sûr que tu puisses longtemps gouverner ta terre. Un homme abattu n'est pas encore vaincu.

Bernier se remet en selle en prenant appui sur les étriers brillants. Il éperonne fermement sa monture, brandit sa lance et atteint Gautier sur son écu. Il en brise un quartier sous la boucle. La lance transperce le haubert et le fer se plante dans le flanc gauche du jeune chevalier.

– Fourbe vieillard, raille Bernier à l'adresse de Gerri, tu peux baisser la tête. Te voilà bien inquiet pour l'avenir de ton neveu.

– Pouilleux bâtard, réplique Gautier, avant ce soir j'aurai ta peau.

La bataille reprend de plus belle, terrible, acharnée. D'un coup, Gautier a brisé le cercle du heaume de Bernier ; l'épée glisse et lui tranche l'oreille droite[1].

1. On coupait le nez et l'oreille des voleurs. Avoir le nez coupé ou l'oreille tranchée est une blessure tout à fait infamante. L'exemple le plus connu est évidemment le nez de Guillaume d'Orange.

– Tu m'as douloureusement mutilé ! s'exclame Bernier. Je vais me venger sur-le-champ.

Il reprend son épieu et en frappe Gautier avec une violence extrême. Le sang jaillit.

– Tu ne reverras jamais Cambrai, exulte Bernier.

– Vraiment ! J'ai bien trop d'appétit pour me contenter de ton oreille. Je ne me mettrai pas à table avant d'avoir tenu ton cœur entre mes mains.

Tandis qu'ils échangent ainsi coups et invectives, sur l'autre rive, la tension est tout aussi grande.

– Mon neveu vaincra, s'écrie Ernaut de Douai.

– Fils de chienne, réplique Gerri, dites-le tout de suite si votre poing coupé ne vous suffit pas. Je m'occuperai de l'autre.

– Ne vous mêlez pas de cela, intervient Ybert, sinon, avec la lame de mon épée, je vous sifflerai aux oreilles un petit air qui ne sera peut-être pas de votre goût.

– Je vais vous arranger comme votre père Herbert à qui j'ai tiré la boyasse de la panse devant Origny, rétorque Gerri.

Le combat se poursuit, merveilleusement rude et violent. Jamais deux hommes ne se sont battus avec un tel acharnement. Chacun tient encore fermement sa bonne épée de Bavière et ne cesse d'attaquer l'autre. Leurs écus sont hors d'état. Même les boucles centrales sont en morceaux. Les hauberts sont démaillés par-derrière et par-devant. Tous deux sont grièvement blessés au visage et par tout le corps. L'épaule de Bernier est si bien entamée par les coups d'épée qu'on en aperçoit l'os à vif. Le sang coule jusqu'à terre. C'est un miracle qu'ils ne soient pas encore morts tous les deux.

Gerri, terriblement inquiet, s'agenouille et jure sur les reliques que, si Gautier est blessé à mort, il massacrera Bernier. Il souffle dans une trompe au son aigu et rassemble ses hommes autour de lui.

Ybert, fou de rage, agit de même. Il sonne le rappel de ses chevaliers et fait serment que, si Bernier trouve la mort dans ce combat, rien ni personne, pas même le roi, ne pourra l'empêcher de faire massacrer Gautier.

Geoffroy de Roche-Anglière a bien compris qu'une mêlée générale est sur le point d'éclater. Il est allé trouver le roi Louis et l'a supplié de mettre fin au combat.

– Seigneur, ces deux combattants ne sont pas des lâches. Ils ont assez clairement montré leur vaillance.

Il rapporte également les menaces qu'il vient

d'entendre de part et d'autre et lui fait partager ses craintes.

Alors, le souverain ordonne la fin immédiate du combat. Plus de cinquante chevaliers traversent la Seine en barque et vont s'interposer entre les deux champions qu'ils séparent à grand-peine. Si on les avait laissés se battre plus longtemps, aucun des deux n'aurait survécu tant ils sont grièvement blessés l'un et l'autre. Les médecins s'empressent autour d'eux, les éventent pour les rafraîchir un peu, étanchent leurs blessures puis les transportent jusqu'au palais où ils les couchent dans une même chambre sur deux lits richement parés.

L'empereur s'est approché de Gautier et lui a demandé :

– Pourrez-vous guérir de vos blessures ? Répondez-moi franchement.

– Sans doute, seigneur.

– Dieu soit loué ! s'exclame le souverain, car je ne désespère pas de vous réconcilier avec Bernier.

En entendant ces paroles, l'impétueux Gautier sent monter en lui une colère qu'il ne peut maîtriser.

– Empereur légitime, que Dieu vous maudisse car c'est à cause de vous que cette guerre a commencé et que mon oncle est mort. Je préférerais mourir plutôt que de faire la paix avec celui qui a assassiné Raoul de Cambrai.

L'empereur s'est alors tourné vers Bernier et lui a posé la même question.

– Je guérirai sans doute, à condition d'être bien soigné, a répondu Bernier.

– C'est heureux, car j'espère mener à bien votre réconciliation avec Gautier. Je crains, hélas, qu'il ne le veuille pas.

– N'attendez pas d'autre réponse de lui car il est encore jeune et chevalier de fraîche date, impétueux et trop excessif. Pour ma part, cette paix, je la souhaite ardemment.

Tandis qu'ils devisaient ainsi, la sœur du roi Louis qui venait d'entrer dans la ville a entendu la nouvelle qu'on répandait à travers les rues : « Les deux champions, Bernier et Gautier, sont grièvement blessés et ne sauraient tarder à rendre l'âme. » Cela l'attriste et l'angoisse. Pressée de savoir ce qu'il en est réellement de son jeune protégé, elle se rend directement au palais et entre dans la grande salle voûtée où se trouve le roi Louis entouré de nombreux chevaliers.

Ses plus proches amis se lèvent et viennent à sa rencontre. Alors qu'à son tour le roi Louis, son frère, s'apprêtait à l'embrasser, dame Alaïs l'a repoussé avec brutalité.

– Ecarte-toi, roi de malheur et indigne de régner. Si j'étais un homme, il y a bien longtemps que je me serais dressée contre toi l'épée à la main car tu tolères à ta table le meurtrier de ton neveu.

Apercevant Gautier étendu sur l'un des lits, elle redoute le pire et s'évanouit. Les barons s'empressent de la relever.

– Nobles chevaliers, leur demande alors Gautier, expliquez à ma tante comment j'ai maltraité Bernier. Dites-lui quelle blessure infamante je lui ai infligée.

L'entendant ainsi parler faiblement, la dame reconnaît la voix qui lui est chère et reprend conscience. Elle lève les bras au ciel et rend grâce à Dieu. Mais, découvrant soudain Bernier sur l'autre lit, elle saisit un morceau de bois et se précipite vers lui. Si des barons ne s'étaient pas interposés, elle l'aurait certainement tué.

Alors, Bernier, seulement vêtu de ses braies, se traîne péniblement hors du lit. De ses mains, il saisit la jambe de la dame et lui embrasse le pied[1].

– Noble comtesse qui m'avez élevé et nourri, Gautier refuse de faire la paix avec moi. Je vous remets mon épée car je suis las de la guerre. Et toi,

1. Tenir la jambe et embrasser le pied sont des gestes habituels de soumission.

Gautier, prends-la et tue-moi tout de suite si tu ne veux pas me laisser vivre en paix. La seule chose qui m'importe est que ces massacres insensés prennent fin aujourd'hui même.

Dame Alaïs est émue jusqu'aux larmes par les propos de Bernier. Gerri, pour sa part, ne se laisse pas attendrir aussi facilement. Il faudra le forcer bien davantage pour qu'il consente à la paix. Alors, apportant de nombreuses reliques de saint Denis et de saint Honoré, l'abbé de Saint-Germain s'adresse à l'assemblée des barons :

– Nobles seigneurs, vous savez que Dieu qui mourut sur la croix pardonna à Longin qui lui avait percé le côté de sa lance. Celui-ci était aveugle et Jésus, qui est miséricordieux, lui rendit la vue et lui pardonna ses péchés. Seigneur Gerri, en son nom, je vous conjure d'accepter la réconciliation que Bernier vous propose. Et vous, Ybert, Eudes, Ernaut, apportez ici vos épées et faites la paix avec vos ennemis afin d'être pardonnés le jour du jugement dernier.

Répondant à cet appel, les barons s'avancent, remettent leurs épées au bon abbé puis s'agenouillent devant lui. Mais Gerri au cœur dur est resté debout et n'a pas eu un regard pour eux.

– Gerri, lui lance l'abbé furieux, à quoi bon

t'obstiner ? Tes cheveux sont blancs et tu ignores le jour de ta mort qui est peut-être proche. Si tu refuses la paix que tous te proposent ici, ton âme n'ira pas au paradis, je te l'assure, par saint Denis.

Alors, cédant aux menaces de l'abbé, le vieil homme leur concède son pardon mais bien à contrecœur. L'abbé les fait ensuite relever et tous s'étreignent et s'embrassent en signe de paix.

Quelqu'un, cependant, ne semble pas du tout apprécier cette réconciliation : c'est le roi Louis. Il quitte le palais en proie à la colère et à l'inquiétude. Sans doute n'a-t-il pas tort car l'irascible Gerri, monté sur le rebord d'une fenêtre, harangue les barons en ces termes :

– C'est ce roi cruel qui a provoqué cette maudite guerre en dépossédant Raoul de sa terre. C'est à cause de lui que mon neveu a été tué devant l'abbaye d'Origny. Il est la cause de tous nos malheurs. Vaillants chevaliers, unissons-nous contre lui.

– Que Dieu maudisse l'impudent vieillard ! grommelle le roi. Je jure que je lui reprendrai toutes ses terres ainsi qu'à ce bâtard de Bernier

Le mariage de Bernier

Avant de se séparer pour regagner Arras ou Saint-Quentin, le Vermandois ou le Cambrésis, les chevaliers ont mis le feu au palais royal, pillé et incendié la Cité depuis le Grand jusqu'au Petit-Pont, attisant ainsi la haine que leur voue déjà le souverain. Ils savent bien que, dès qu'il le pourra, le roi Louis lèvera une armée pour leur faire la guerre et mettre le siège devant leurs bonnes cités.

Gautier est retourné à Cambrai et Gerri à Arras, en compagnie de Bernier, maintenant que le pieux abbé de Saint-Germain les a réconciliés.

Or, il se trouve que Gerri avait une fille d'une éclatante beauté : Béatrice. Celle-ci a déjà entendu conter les hauts faits d'armes de Bernier et n'a aucune raison personnelle de le haïr. Ce jour-là, elle sortait de sa chambre pour aller saluer le retour de son père et de ses compagnons. Avec ses longs cheveux tressés tombant jusqu'aux épaules, les yeux pétillants de joie, revêtue d'une robe ornée d'un collet d'hermine par-dessus laquelle elle avait passé une pelisse de soie, elle était resplendissante.

Apercevant à côté de son père un jeune et beau chevalier, fort élégamment vêtu, elle ne put s'empêcher d'en demander le nom.

– C'est Bernier, ma belle, lui répond son père. Vous ne le connaissiez pas encore. Il est très vaillant et a tué bien des nôtres.

– Comment se fait-il alors qu'il soit ici sain et sauf ?

– Nous nous sommes réconciliés malgré la mort de Raoul.

– Heureuse sera la dame qu'il prendra pour amie ou pour femme ! murmure-t-elle à voix basse afin que nul ne puisse l'entendre. Bienheureuse celle qui le serrera dans ses bras, tout nu contre elle, sous ses draps ! Je ferai l'impossible pour que ce soit moi.

Elle regagne sa chambre, fait tendre de fines étoffes sur les murs et répandre des brassées de joncs sur le sol[1] puis elle appelle Manessier, son chambellan.

– Je vais te charger d'une mission de confiance. Lorsque tu jugeras le moment opportun et le lieu

1. On étalait des brassées de joncs (la *jonchée*) sur le sol qui était souvent en terre battue.

propice, salue Bernier de ma part et invite-le à venir jouer aux échecs dans mes appartements. Je te donnerai vingt livres en deniers.

Manessier se hâte de s'acquitter de la tâche délicate que la jeune fille lui a confiée. Ayant trouvé Bernier dans la grande salle du palais, il lui murmure à l'oreille l'invitation de sa maîtresse. Bernier, fort impatient de rencontrer la noble et jolie demoiselle, accompagne Manessier jusqu'aux appartements des dames sans hésiter un instant.

Pour sûr, Béatrice ne regrette pas l'argent promis à son diligent messager lorsqu'elle voit venir Bernier. Tous deux courent l'un vers l'autre. Ils s'étreignent et s'embrassent tendrement, il ne faut pas s'en étonner car elle est belle et lui est jeune et vaillant. Elle a maintes fois entendu son père évoquer ses prouesses le soir à la veillée. Maintenant qu'elle le serre contre son corps, son cœur est heureux.

Le messager s'est discrètement retiré et les deux jeunes gens échangent de tendres propos car l'amour seul occupe leurs esprits.

– Seigneur Bernier, commence la jeune fille, il ne faut pas me blâmer de vous avoir fait venir dans ma chambre bien que vous ayez tué mon cousin Raoul qui était très noble et aussi mon frère Rénier.

Ce qui importe c'est que la paix soit maintenant rétablie entre nos parents. Je voudrais qu'elle le soit aussi entre nous.

– Madame, répond Bernier, c'est également ce que je désire. C'est pour cela que je suis maintenant au service de votre père.

– Ce n'est pas suffisant. Si vous me preniez pour femme, jamais cette guerre ne pourrait se rallumer. Pouvez-vous espérer un meilleur parti ? Regardez comme mon corps est svelte et bien fait, ma poitrine ferme, mon cou blanc et mon teint clair. Qu'attendez-vous pour me serrer dans vos bras, me couvrir de baisers et faire de moi tout ce que vous désirez ?

– Hélas, ma belle, vous savez bien que je suis de bas lignage et bâtard. Il ne plut pas à Dieu – hélas ! – que mon père épouse la noble dame qui fut ma mère. Gerri est un homme de trop haut rang pour que je puisse me permettre de lui demander la main de sa fille.

– Bernier, s'indigne Béatrice, pour oser me repousser, oublies-tu que tu as tué mon cousin Raoul de Cambrai et qu'à tout moment la seule évocation de ce souvenir peut suffire à rallumer la guerre ? Epouse-moi ; c'est la meilleure garantie d'une paix durable.

– Madame, mon père m'a légué toute sa terre et je pourrai offrir en douaire à ma femme la ville de Ribemont mais cela ne suffit pas pour que je puisse me permettre de demander votre main au seigneur Gerri. Cependant, s'il vous donnait à moi, je me garderais bien de dédaigner un présent de ce prix.

– Alors je vous appartiendrai. Depuis longtemps, en entendant les chevaliers dire que celui que vous frappiez de votre lance ne restait pas longtemps en selle, je m'étais promise d'être tout entière à vous.

A ces mots, Bernier l'a prise doucement par le cou et tous deux échangent de tendres baisers. Ils ont bien raison car cet amour devrait sceller la fin de la terrible guerre.

Lorsqu'à regret ils se sont séparés, Bernier a regagné son logis en ville tandis que la demoiselle a rejoint son père dans la grande salle du palais. Gerri embrasse sa fille et la fait asseoir à côté de lui.

– Ma fille, dit le vieil homme, vous savez combien je vous aime.

– Père, vous allez pouvoir le prouver tout de suite en me donnant un mari dont je veuille avoir un enfant qui gouvernera vos terres après votre mort.

– Ma fille, vous me surprenez fort. Vous venez,

à mon grand désespoir, d'en refuser trois dont le moins fortuné possédait bien cinq châteaux.

– Aucun de ceux que vous m'avez proposés ne convenait à mon cœur. Je veux un mari qui me rende heureuse.

– Ma fille, on ne trouve pas un mari comme ça, au marché ou à la foire. Mais, qui que ce soit, puisque vous le souhaitez, je vous accorde d'avance celui qui vous plaira.

– Mon père, c'est Bernier que je veux. Il est beau et il n'y a pas en ce pays de chevalier plus vaillant. Vous le savez bien pour avoir souvent éprouvé sa bravoure au combat.

– Dieu, s'exclame Gerri, il est juste de vous rendre grâce ! Ce mariage mettra fin à la guerre destructrice qui a causé la mort de tant de bons chevaliers. Ma fille bien-aimée, je t'accorde celui que tu demandes.

Aussitôt, on envoie un messager quérir Bernier à son hôtel. Il vient sur-le-champ, escorté de cent jeunes chevaliers magnifiquement vêtus. L'ayant fait asseoir à côté de lui, Gerri lui dit :

– Bernier, voici ma fille Béatrice. Je te la donne pour femme.

– Merci mille fois, seigneur ; je l'épouserai puisque telle est votre volonté. Permettez-moi cependant de lui demander ce qu'elle en pense.

La jeune fille, radieuse, s'empresse de répondre :

– Seigneur, vous savez bien que je vous aime.

– Ce n'est pas elle qui refusera ! s'exclame Gerri en éclatant de rire.

Le mariage est donc conclu. On apporte un reliquaire sur lequel Bernier fait serment d'épouser la demoiselle et Gerri jure de la lui accorder pour épouse.

Bernier prend congé de Gerri et, après avoir tendrement embrassé son amie, il se rend jusqu'à Saint-Quentin informer son père de l'engagement qu'il vient de prendre.

Comme l'avait fait Gerri, Ybert, apprenant la nouvelle, rend grâce à Dieu.

– Ce mariage va enfin mettre un terme à la guerre. Mon fils, toutes mes terres sont désormais à toi et Ribement sera le douaire de ton épouse.

– Mon père, je vous remercie. Ces terres, je les défendrai contre le roi Louis qui m'en refuse l'héritage sous prétexte que je ne suis pas un enfant légitime.

– Mon fils, s'il le faut, je serai à tes côtés dans cette guerre qui fera encore de nombreux orphelins. Quant à ce roi de malheur, si je peux l'atteindre, je saurai bien lui faire vider les étriers et je le ferai choir de son cheval cul par-dessus tête.

Les barons révoltés

Une fois la paix rétablie entre les deux familles, Gerri et Bernier durent ensuite mener ensemble une autre guerre contre le roi Louis, venu avec une puissante armée pour les chasser de leurs fiefs et les punir ainsi d'avoir incendié Paris.

Après plusieurs semaines, c'est près de Soissons que fut enfin livrée la bataille décisive. Le Manceau Gibouin qui détenait la terre de Raoul paradait au premier rang de l'armée royale. L'ayant aperçu, Bernier l'a chargé et lui a porté un coup si rude sur son bouclier qu'il l'a traversé de part en part et que le fer de l'épieu lui a transpercé le corps.

– Le traître Gibouin est mort, s'est écrié Bernier. Raoul est vengé de celui qui l'avait dépossédé de son fief.

De son côté, Ybert a fort malmené le roi. Comme il se l'était juré, il l'a désarçonné et fait rouler à terre dans le chaume d'un champ moissonné où il a bien mordu la poussière. Des vassaux fidèles sont venus à la rescousse et ont aidé le souverain à se remettre en selle.

Ayant aperçu la scène, le sage Bernier a dirigé sa monture vers son père.

– Par Dieu, lui dit-il, c'est notre roi que je vois là en grande difficulté ! N'agissons pas comme des insensés. Un jour ou l'autre, il nous faudra bien conclure la paix avec lui. Epargnons-le. Cessons le combat.

Alors, ayant amassé un important butin, Bernier et son armée s'en sont retournés à Saint-Quentin tandis que le roi, mesurant l'ampleur de la défaite et l'épuisement de ses troupes, se garda bien d'ordonner la poursuite. La rage au cœur, il dut trouver refuge à Soissons.

Les jours passaient ainsi et Béatrice s'impatientait. Elle chargea un messager d'aller trouver Bernier à Saint-Quentin afin de lui demander pourquoi il tardait tant à l'épouser. Bernier lui fit répondre qu'il n'avait pu, jusque-là, agir autrement à cause des batailles qu'il avait fallu livrer contre l'armée du roi mais que, maintenant, il ne tarderait pas davantage et la prendrait pour épouse le dimanche suivant.

Dès le samedi, à Arras, on avait commencé à

dresser de nombreuses tables et à mettre les nappes. Il y eut à manger et à boire en abondance. Un jongleur de grand talent divertit l'assemblée de ses récits. Pour le récompenser, Bernier lui fit cadeau d'un destrier arabe et de vêtements. Ybert ajouta un mulet. Le mariage fut ainsi célébré dans la joie et l'allégresse en compagnie de nombreux barons. Les festivités se prolongèrent ensuite plusieurs jours.

Les fils de Bernier

Un peu plus d'un an s'est écoulé. Comme Bernier l'espérait tant, la guerre avec le roi a pris fin. Il vit maintenant en paix auprès de Béatrice mais ne cesse d'être tourmenté par la faute commise autrefois lorsqu'il tua son seigneur Raoul. Afin d'obtenir le pardon de ses péchés et plus particulièrement de celui-là, il envisage d'aller en pèlerinage à Saint-Gilles-du-Gard.

Béatrice tient absolument à accompagner son époux dont elle ne veut pas être déjà séparée. Bernier, qu'elle a longuement et maintes fois supplié, finit par accepter.

Ils cheminent ensemble pendant quinze jours à bonne allure, escortés de vingt chevaliers et accompagnés de dix serviteurs pour s'occuper des bagages.

C'est à Saint-Gilles, au cours de ce pèlerinage, que naquit leur premier enfant, un garçon beau et gracieux qu'on baptisa Julien.

Quelques années plus tard, Bernier engendra un second fils qu'on prénomma Henri ; un enfant fort précoce : à sept ans, il était déjà très beau et suffisamment solide pour commencer à s'initier au maniement des armes. Bernier, émerveillé, restait de longs moments à le regarder et ne pouvait s'empêcher de s'exclamer :

– Regardez, Madame, comme Henri est fort et adroit !

Lorsqu'ils eurent l'âge et la force de porter les armes, c'est leur grand-père, le vieux Gerri, qui les adouba au cours d'une cérémonie fastueuse. En cette occasion, il leur promit toute sa terre en héritage.

Quand fut venu le temps de prendre congé, après les réjouissances, Gerri confia à Bernier son désir de se rendre en pèlerinage à Saint-Jacques de Compostelle pour obtenir la rémission de toutes les fautes commises au cours de sa longue vie guerrière.

– Il y a bien cinq ans que j'ai fait le vœu d'y aller moi aussi, lui répond Bernier.

– Allons-y ensemble, propose Gerri.

– Ma foi, c'est une bonne idée.

Ils s'entendent pour fixer le jour du départ au dimanche dans l'octave de Pâques.

Tandis que Gerri regagne Arras, Bernier s'en

va confier son projet à Béatrice, sa noble épouse.

– Bernier, lui dit-elle, vous allez courir de grands dangers car mon père est fourbe et ombrageux. Si vous dites la moindre chose qui l'offense, il aura tôt fait de vous tuer sans même vous lancer un défi. Pour l'amour de Dieu, en toutes circonstances, méfiez-vous de lui.

Les jours ont passé. Le terme est arrivé. Gerri est revenu à Saint-Quentin avec pour compagnons deux chevaliers très vaillants: Anciaume et Hernaut. Bernier se joint à eux en compagnie de Garnier et Savari. Ils vont tous ensemble écouter la messe et prennent leurs écharpes de pèlerins. Bernier embrasse ses fils puis sa tendre épouse qui, les larmes aux yeux, l'angoisse au cœur, lui rend ses baisers. Elle craint de le serrer dans ses bras pour la dernière fois. Effectivement, elle ne le reverra plus, ainsi que la chanson va vous l'apprendre.

La mort de Bernier

Bernier et Gerri chevauchèrent côte à côte à travers l'Ile-de-France puis le Berry. Ils passèrent par Poitiers puis séjournèrent à Blaye, où est enterré Roland, avant de traverser Bordeaux et de gagner les Landes. Je ne sais que vous dire de leur voyage sinon qu'ils cheminèrent par tous les temps, de jour comme de nuit, prenant le minimum de repos, tant et si bien qu'ils arrivèrent sans encombre à Saint-Jacques de Compostelle.

Après avoir trouvé un hôtel où s'héberger, ils se rendirent au sanctuaire où ils veillèrent et prièrent toute la soirée pour la rémission de leurs fautes et de leurs péchés. Ce n'est qu'ensuite qu'ils regagnèrent leur hôtel pour prendre un peu de repos.

Ils ne tardèrent pas à se remettre en route car ils avaient hâte d'être de retour. Ils forcèrent tant l'allure qu'au bout de trente jours, ils étaient déjà à Paris. Ils s'arrêtèrent ensuite chez un riche châtelain de Compiègne. Le lendemain, le roi leur fit bon accueil à Laon, sa capitale. De là, ils prirent la route de Saint-Quentin.

Alors qu'ils passaient près d'Origny, à l'endroit où fut tué Raoul de Cambrai, Bernier ne put se retenir de pousser un profond soupir.

– Pourquoi soupirez-vous ainsi ? lui demanda Gerri.

– Peu vous importe ce qui m'angoisse encore malgré le temps et deux pèlerinages, lui répondit Bernier.

– Je tiens à le savoir.

– Je vous le confierai donc. C'est le souvenir de Raoul qui me revient en mémoire. C'est ici que je l'ai tué à cause de son orgueil démesuré.

Ces paroles déplurent fort au vieux Gerri qui eut bien du mal à contenir sa colère.

– Par Dieu, vassal, grogna-t-il, vous avez eu grand tort de me rappeler la mort de mon neveu !

Tandis qu'ils chevauchent, Gerri ne peut chasser de son esprit l'image de la sanglante dépouille de son neveu que viennent de raviver les paroles de Bernier. Il en ressent une peine immense et une profonde amertume.

Lorsqu'ils s'arrêtent au bord d'une rivière pour faire boire les chevaux, Gerri, toujours en proie à la colère, à la haine et au désir de vengeance, décroche un de ses étriers. Il le brandit et en frappe Bernier au front si violemment que le coup lui entame la chair et fend le crâne à en faire jaillir la cervelle. Bernier s'est effondré et a roulé dans la rivière. Garnier et Savari, ses compagnons, s'empressent de l'en sortir tandis qu'en compagnie d'Anciaume et Hernaut, le vieux Gerri prend la fuite à vive allure.

Savari et Garnier, dont l'angoisse étreint le cœur, demandent à leur malheureux seigneur :

– Survivrez-vous à cette blessure ?

– Certainement pas. Voyez, la cervelle me coule sur la poitrine. Gerri est un traître. Sa fille avait bien raison de me mettre en garde. Mais, comme Jésus qui mourut sur la croix pardonna à Longin, il me faut pardonner à Gerri.

Alors, comme il n'est pas possible de faire appel à un prêtre, Savari reçoit l'ultime confession du bon chevalier et le fait communier de trois brins d'herbe. Bernier lève les yeux au ciel, bat sa coulpe puis ses yeux se voilent et son âme s'échappe du corps. Que Dieu le reçoive en son saint paradis !

Garnier et Savari chargent la dépouille de Bernier sur un mulet et se dirigent tout droit vers la ville d'Ancre en s'arrachant les cheveux et en se tordant les mains de douleur et de chagrin.

Arrivés devant un petit prieuré, à l'extérieur de la ville, ils confient aux moines la dépouille de leur malheureux seigneur. Les moines lavent le corps du défunt avec de l'eau froide et du vin avant de le coudre dans un linceul de lin blanc et de l'allonger dans un cercueil qu'ils recouvrent d'un magnifique voile de soie noire.

Depuis, on appela ce lieu Bière-Bernier en souvenir de celui qui y fut inhumé[1].

Béatrice la noble dame, que ce pèlerinage ne manquait pas d'inquiéter, séjournait dans la ville. Elle trouvait le temps fort long et disait justement à ses fils Julien et Henri, assis à ses côtés :

– Voilà deux mois passés que Bernier est parti pour Saint-Jacques ; il ne devrait plus tarder à être de retour.

Regardant par la fenêtre, elle aperçoit Garnier et Savari. Ses sombres pressentiments deviennent une certitude.

– Je vois deux chevaliers, mais ils m'ont l'air bien tristes !

1. En ancien français, le texte dit *Bernier-Bierre*. Il s'agit peut-être du prieuré Notre-Dame de Brébières sur le territoire de l'actuelle commune d'Albert, anciennement nommée Ancre, du nom de la rivière qui l'arrose (D'après R. Berger et F. Suard, *Histoire de Raoul de Cambrai*..., p. 241-242).

Aussi vite qu'elle le peut, soulevant les pans de sa robe pour aller plus vite, elle court à leur rencontre.

– Où est mon époux ? leur demande-t-elle hors d'haleine.

– Hélas, Madame, nous vous apportons une bien triste nouvelle, lui répond Savari.

– Bernier est mort ! Je le redoutais ; je le savais.

– Nous ne pouvons vous le cacher plus longtemps. Nous avons laissé son corps au petit prieuré. C'est votre père, Gerri, qui l'a tué.

– Gerri, vieillard chenu, si je n'étais pas isue de ton sang, je t'aurais donné ma malédiction. Tu m'as privée d'un époux qui m'aimait et que j'aimais. Hélas, Bernier, jamais je n'oublierai votre vaillance ni votre beauté, la finesse des traits de votre visage ni la tiédeur de votre souffle !

A ces mots, elle tombe évanouie, terrassée par le chagrin. Julien est allé la relever.

– Madame, soyez assurée que la mort de Bernier sera vengée dans le sang avant que quinze jours aient eu le temps de s'écouler, lui promet-il solennellement.

Tout le monde pleure la mort du bon chevalier Bernier. La peine de tous est immense. Nombreux sont ceux qui ont veillé le corps du défunt. Le lendemain, après la célébration de la messe, on inhume le corps de celui que Gerri avait tué dans le cloître du prieuré.

Pour sûr, maintenant, Julien et Henri vont songer à tenir leur engagement.

V
EPILOGUE

Ainsi qu'ils l'avaient promis à leur mère, Julien et Henri ont rassemblé une puissante armée en moins d'une semaine. Ils ont mis l'Artois à feu et à sang, détruisant les villages, amassant un riche butin, et sont venus mettre le siège devant Arras.

Pour défendre à la fois sa ville et son domaine, Gerri, d'abord surpris par la rapidité de l'attaque, a fait venir de Cambrai son neveu Gautier.

Une terrible bataille eut lieu en rase campagne non loin d'Arras. Bien vite, malgré le courage dont tous firent preuve, les troupes de Gerri furent mises en déroute et, dans la mêlée, Julien frappa Gautier sans rémission, tranchant en deux la monture après le cavalier.

Désespéré par la mort de son neveu, Gerri, qui avait déjà perdu ses deux fils à la guerre, fit sonner la retraite. L'armée se replia à l'intérieur des murs. Malgré la violence des assauts, la ville résista bien et de nombreux assaillants trouvèrent la mort, rejetés aux fossés.

Lorsque, le lendemain, ils s'emparèrent enfin de la bonne cité d'Arras, Henri et Julien ne purent que constater qu'à la faveur de la nuit ou de la brume du petit matin le vieux Gerri avait pris la fuite sur son cheval pour partir en exil.

On ne sait pas ce qu'il est advenu de lui. J'ai parfois entendu dire qu'il s'était fait ermite.

Ici se termine la tragique histoire de Raoul de Cambrai et du bon chevalier Bernier. Béni soit celui qui vous l'a racontée et soyez bénis aussi, vous qui l'avez écoutée.

POSTFACE

La tragique épopée de Raoul de Cambrai semble avoir connu le même destin tragique que son héros.

Le texte ne nous est parvenu que par un seul manuscrit (répertorié autrefois: Bibliothèque Royale de Paris 8201; aujourd'hui: Bibliothèque Nationale, fonds français 2433). Il s'agit d'un petit manuscrit (14,5 cm × 10 cm), peu soigné, d'un vélin grossier inégalement préparé – sans doute un manuscrit de jongleur, outil de travail plutôt que volume de bibliothèque – et en très mauvais état. «Les feuillets 2, 3, 4 et 5 sont fortement endommagés et paraissent avoir été rongés par les rats[1]» au point d'en avoir perdu leur forme rectangulaire.

On sait d'après le catalogue des «librairies» (bibliothèques) que Charles V possédait deux manuscrits de *Raoul de Cambrai* et qu'à la fin du XVIe siècle, le Président Fauchet, érudit et humaniste, a pu consulter un autre manuscrit à partir duquel il a pris quelques notes auxquelles se sont référés les éditeurs pour combler les lacunes du seul manuscrit à leur disposition.

Le poème était cependant fort connu au Moyen Age. De nombreux textes y font allusion: *Auberi de Bourgogne* (fin XIIe), la *Chronique rimée* de Philippe Mousket (bourgeois de Tournai vers 1240), le *Roman des Lorrains*... Bertrand de Born (mort en 1210) parle de Gerri et de son neveu. Evoquant

1. Ed. Le Glay, *Op. cit.*, préface, p. II.

l'incendie de Béziers par les croisés venus du Nord, Guillaume de Tudèle, dans sa *Chanson de la croisade albigeoise*, ne peut s'empêcher de faire référence à Raoul :

Aisi ars e ruinet Raolf, cels del Cambrais
Una rica ciutat que es depres Doais ;
Poichas l'en blasmet fort sa maire n'Alazais,
Per o el la'n cuget ferir sus en son cais.

(Une riche cité fut de la même façon traitée, près de Douai, par Raoul de Cambrai. Sa mère Alazaïs l'en blâma durement. Il en fut si vexé qu'il faillit la gifler[1].)

Le seul manuscrit connu renferme un long poème de plus de 8700 vers, œuvre de deux auteurs différents, dont le changement de ton au vers 5556 coïncide avec le changement d'écriture et le passage des rimes aux assonances.

Presque tous les critiques considèrent que la *Chanson de Raoul de Cambrai* se limite à la première partie que nous avons très fidèlement suivie. De la seconde, nous n'avons gardé que les éléments qui s'imposaient dans la logique du récit et n'avons pas hésité à laisser de côté ce qui s'apparente à une imitation de mauvais roman d'aventures : l'enlèvement de Julien par les Sarrasins, la fausse mort de Bernier, les retrouvailles vingt ans après à l'issue d'un duel opposant Julien à son père, l'enlèvement de Béatrice par le roi qui veut la remarier de force à un autre seigneur, Herchambaut de Ponthieu, avec l'accord de Gerri, les herbes magiques qu'elle utilise pour rester fidèle à son vrai mari…

Il est clair cependant que le sujet n'est pas épuisé à la fin de la partie rimée avec le duel Gautier-Bernier et le pillage de Paris. « La vengeance contre le Manceau Gibouin n'a pas pu s'accomplir. Elle le sera dans la seconde partie (5921-5931). Ensuite, la mort de Raoul reste invengée et,

1. Edition de E. Martin-Chabot et traduction de Henri Gougaud, Coll. *Lettres gothiques*, Livre de Poche, 1989.

connaissant l'impitoyable Guerri, nous devinons par ses réticences que sa colère n'était qu'endormie... La vengeance d'un Guerri, tel que nous le connaissons, devait logiquement s'accomplir comme sa fille elle-même le pressentait: "car d'ome mort molt sovent (la guerre) renovele" (v. 5723)[1].»

Après avoir brodé pendant 2000 vers sur les thèmes romanesques à la mode de son temps, le second copiste a fini par retrouver la fin logique du poème original: la mort de Gibouin et celle de Bernier. Nous avons donc gardé ces éléments essentiels.

Nous avons également conservé les passages se rapportant aux amours de Béatrice et de Bernier. La jeune fille qui fait les premiers pas avec un certain aplomb nous rappelle une autre amoureuse fort hardie: Orable dans la *Prise d'Orange*.

Il nous a bien évidemment fallu raccourcir les combats et diminuer le nombre de répétitions qui risquaient de lasser le lecteur moderne.

Ce sont les seules libertés que nous avons prises avec le texte original. Si l'on veut bien accepter cette comparaison cinématographique, notre travail s'apparente essentiellement au «montage» et au «doublage» d'une matière préexistante. Il était hors de question d'ajouter à l'œuvre une scène nouvelle qui ne figurait pas dans la chanson en ancien français. Notre histoire est authentiquement médiévale, c'est pourquoi, au lieu d'en vieillir l'expression pour lui donner une patine artificielle, nous avons au contraire cherché à retrouver la simplicité et le dépouillement du texte ancien.

Notre point de départ est l'édition d'Edward Le Glay pour une raison d'ordre pratique: sa réimpression par Slatkine Reprints (Genève, 1969) nous a permis d'acquérir le texte et de l'avoir en permanence à notre disposition.

1. Omer Jodogne, «Sur l'originalité de *Raoul de Cambrai*», *Technique littéraire des chansons de geste,* p. 52-53.

L'histoire de Raoul de Cambrai repose sur une double donnée initiale géographique et historique.

Toute l'action, à l'exception des scènes à la cour de Paris, se situe dans le Nord de la France, très précisément dans un rayon de cinquante kilomètres autour du monastère d'Origny.

Il est sans doute nécessaire de rappeler qu'après le partage de l'empire de Charlemagne (Serment de Strasbourg en 842), le Cambrésis (ou Ostrevant) appartenait à la Lotharingie et formait une sorte d'avancée difficile à défendre à l'intérieur du Vermandois relevant de la Francie occidentale. Cette zone contestée, disputée, passa six fois en un peu plus d'un siècle d'un royaume à l'autre (IXe-Xe siècle). Il faut ajouter à ces luttes les incursions et pillages vikings, en ces mêmes lieux, aux mêmes époques.

Le souvenir de ces multiples guerres et destructions confondues dans l'esprit populaire formait, avec le temps, un terrain favorable à l'éclosion d'un poème évoquant une seule grande guerre qui amalgamerait toutes les autres. N'est-ce pas ce qui s'est produit autour de Troie, cité neuf fois détruite avant de susciter l'Iliade racontant *la* guerre de Troie ?

Plusieurs Raoul ont tenu Cambrai ou l'Ostrevant alors que plusieurs Herbert se sont succédés en Vermandois. Les rivalités familiales, renforcées par les homonymies, se sont transmises de génération en génération et ont finalement fusionné dans la tradition populaire et dans l'esprit du poète.

Peu importe alors que le modèle du héros de notre histoire soit le très jeune Raoul, fils de Raoul de Gouy, tué par les fils d'Ybert de Vermandois en 943, ou Raoul, comte de Cambrai, frère de Baudoin II de Flandre, tué en 896 devant Saint-Quentin par Herbert Ier de Vermandois. Deux fois en cinquante ans, deux Raoul font irruption dans le Vermandois et y trouvent une mort violente. La tradition populaire a gardé le souvenir de la vendetta opposant les familles de Cambrai et du Vermandois, confondu les différents Raoul et les Herbert successifs.

Le poète a imaginé ses héros à partir de cette matière d'autant plus aisément qu'on a pu lui montrer plusieurs tombeaux de Raoul et des chartes sur lesquelles il a pu lire le nom d'une comtesse Alaïs *(Adelaidis comitessa)* bienfaitrice de la cathédrale de Cambrai et de l'église Saint-Géry pour le repos de l'âme de son fils Raoul *comitis Rodulphi anima* au Xe siècle[1]. Quant à Gerri, le nom était localement répandu et déjà associé, ne serait-ce que par l'église Saint-Géry, à la bienfaitrice Alaïs et à son fils Raoul.

L'œuvre n'est sans doute pas antérieure au XIIe siècle. Il a fallu que le temps passe pour que l'amalgame soit possible et que les anachronismes ne soient pas choquants. D'autre part, les problèmes soulevés semblent correspondre à la décomposition du royaume sous le règne de Philippe Ier, «roi fainéant et faible[2]» qui n'exige même pas l'hommage de ses vassaux, confondu pour la circonstance avec Louis, l'archétype du roi faible dans les chansons de geste[3].

Comme beaucoup de chansons de geste, celle-ci nous invite à interroger l'histoire, à redéfinir le passage de l'histoire à la légende et à voyager pour découvrir les «preuves matérielles» qui, si elles n'authentifient pas la légende, ont

1. D'après P.Matarasso, *Op. cit.*, en particulier p.25-27. Il s'agit bien évidemment de l'ancienne cathédrale dont on peut voir quelques vestiges au musée municipal de Cambrai. L'actuelle cathédrale Notre-Dame est un édifice du XVIIIe siècle.

2. Reto R.Bezzola, «De Roland à Raoul de Cambrai», p.195.

3. Louis le Pieux, fils de Charlemagne qu'on trouve aussi dans le cycle de Guillaume d'Orange. D'autres rois prénommés Louis eurent fort à faire avec le Nord, soit à cause des Vikings, soit à cause des comtes de Lorraine: Louis II le Bègue (877-79), Louis III (879-82) et Louis d'Outremer (936-54).

du moins contribué à la fixer et à la localiser. C'est une invitation à flâner à travers Arras et Cambrai, à visiter l'Artois et le Cambrésis.

GLOSSAIRE

ADOUBEMENT : Cérémonie au cours de laquelle un *bachelier* est armé chevalier.

BLIAUD : Robe de riche étoffe que portent les dames. Tunique ornée d'un collet d'hermine que portent les chevaliers, soit sous le haubert, soit dessus.

BRAIES : Culotte serrée aux jambes par des lanières.

CAPARAÇON : Protection ou habillage souvent luxueux qu'on mettait aux chevaux.

CHAUSSES : Bas couvrant le pied et la jambe.

DESTRIER (de *destre :* la main droite) : Cheval de bataille. Dans notre texte, les destriers sont dits gascons, de Norvège (Gérard), d'Orcanie (Bernier) et souvent qualifiés d'*auferrants* (bouillants, impétueux, fougueux). On utilise le *palefroi* pour chevaucher à l'aise et des *roncins* ou *sommiers* pour porter des charges.

DOUAIRE : Bien appartenant en propre à la femme et qu'elle garde à la mort de son mari. La ville de Ribemont est le douaire accordé par Bernier à Béatrice. Cambrai est sans doute le douaire d'Alaïs puisque la ville n'est pas donnée à Gibouin.

ÉCU : Bouclier long, arrondi vers le haut et terminé vers le bas par une pointe permettant de le ficher en terre. Les pièces de bois qui le composent sont retenues par une armature en forme de croix qui divise le bouclier en *quartiers*. Au centre, un renflement de métal : la *boucle* (à l'origine du nom *bouclier*). Le chevalier tient le bouclier en passant son bras dans des courroies de cuir, les *énarmes*. Cela est bien visible sur la Tapisserie de Bayeux et fort bien reproduit dans la série de bandes dessinées de W. Vance, *Ramiro*.

ENARMES : Voir *écu*.

GANT : Donner ou recevoir le gant sont des gestes symboliques. C'est le gage de la parole donnée, et son acceptation par celui qui le reçoit. Le roi s'est engagé envers le Manceau en lui donnant son gant. Raoul, ayant accepté le gant, se sent contraint de se lancer à la conquête du Vermandois.

GONELLE : Longue cotte de soie ou de drap, descendant jusqu'à mi-jambes, qu'on portait par-dessus l'armure.

GONFALONIER (ou *gonfanonier*) : Porteur de l'enseigne, de l'étendard. Etre gonfalonier est un honneur.

GONFANON (ou *gonfalon*) : Enseigne d'étoffe attachée à la lance. Les textes précisent parfois « par cinq clous d'or ».

HAUBERT : Cotte de mailles. On précise fréquemment « à double rang de mailles ». La partie supérieure, la *coiffe*, protège la tête du chevalier. A plusieurs reprises, elle résiste alors que le heaume est fendu.

HEAUME : Casque souvent incrusté de pierreries et renforcé par un cercle de fer, muni sur le devant d'une pièce qui protège le nez, le *nasal*. Voir la Tapisserie de Bayeux et *Ramiro*.

PELIÇON, PELISSE : Léger manteau garni de fourrure d'hermine. Eudes revêt une pelisse sous son haubert, Béatrice par-dessus sa robe. Même lorsqu'il fait chaud, les valets de Raoul portent un peliçon.

PRIME : Les divisions de la journée selon le rythme de la vie monastique sont : *prime* (6 h), *tierce* (9 h), *sixte* (midi), *none* (15 h), *vêpres* (18 h), *complies* (21 h), *matines* (minuit), *laudes* (3 h).

QUINTAINE : On dressait sur un pivot les pièces d'une armure. Le cavalier s'élançait et devait aller frapper de sa lance l'armure en plein milieu, sous peine de faire pivoter la quintaine et d'être violemment frappé à son tour. « Les seigneurs et les évêques furent quelquefois obligés d'interdire ce jeu, surtout lorsqu'on l'organisait de manière à produire la mort ou de fortes blessures, comme dans la quintaine au bélier, où le cavalier était abattu avec son cheval par une énorme tête de bélier qui l'atteignait par-derrière. » (E. Le Glay, *Op. cit.*, p. 24).

RONCIN, ROSSE : Cheval de charge. Voir *destrier*.

SYGLATON : Tissu d'origine orientale généralement de couleur rouge. Bernier bande son front blessé d'un syglaton.

TARGE : Bouclier rond.

INDEX
DES PRINCIPAUX PERSONNAGES

ALAÏS : Nous préférons cette forme à Aalais. Sœur du roi Louis, veuve de Raoul Taillefer, mère de Raoul de Cambrai et grand-mère de Gautier. Le poète a pu trouver son modèle dans la dotation faite par une comtesse (*Adelaidis comitessa*) à la cathédrale et à l'église Saint-Géry de Cambrai pour le repos de l'âme de son fils Raoul (*Rodulphi anima*).

BEATRICE : Fille de Gerri le Roux, femme de Bernier et mère de Julien et Henri.

BERNIER : Fils illégitime d'Ybert de Ribemont et de Marcent. D'abord compagnon puis ennemi juré et meurtrier de Raoul.

ERNAUT DE DOUAI : Oncle de Bernier. Raoul lui a coupé le poing gauche.

EUDES DE ROYE : L'un des fils d'Herbert de Vermandois, oncle de Bernier.

GARNIER : L'un des fils de Gerri, tué par Louis, le plus jeune des fils d'Herbert de Vermandois.

GAUTIER : Petit-fils de dame Alaïs, neveu de Raoul dont il essaie de venger la mort. Il est tué par Julien, l'un des fils de Bernier.

GERRI LE ROUX (les critiques adoptent parfois la forme *Guerri*) : Seigneur d'Artois qui réside à Arras, frère de Raoul Taillefer, oncle et fidèle compagnon de Raoul de Cambrai, père de la belle Béatrice. Il tue Bernier au cours d'un pèlerinage. Il est possible que le surnom de *sor* n'indique pas la couleur des cheveux (roux) mais un nom de lieu (région de Solre). A l'appui de cette interprétation, quelques villes à la frontière orientale du Cambrésis : Coursore, Solrinnes, Solre-le-Château, Solre-sur-Sambre

et Solre-Saint-Géry (d'après Michel Rouche, *Histoire de Raoul de Cambrai...*, Introduction, p.27).

GIBOUIN : Protégé du roi Louis. En acceptant le fief du Cambrésis à la mort de Raoul Taillefer, il est à l'origine de la guerre. Il est tué par Bernier.

HELOISE : Fiancée de Raoul. Après la mort de celui-ci elle refuse tous les prétendants.

HENRI : Second fils de Bernier et de Béatrice.

HERBERT DE VERMANDOIS : Grand-père de Bernier. L'un de ses fils se prénomme aussi Herbert, les prénoms étant souvent héréditaires. Les autres sont : Ybert de Ribemont, Eudes de Roye et, le plus jeune, Louis. Plusieurs comtes de Vermandois furent réellement prénommés Herbert.

JULIEN : Fils aîné de Bernier et de Béatrice, né au cours d'un pèlerinage à Saint-Gilles du Gard.

LOUIS : Roi de France, frère d'Alaïs et oncle de Raoul. Il est indifféremment qualifié de roi ou d'empereur. Au moment du pillage du monastère d'Origny, en 943, le roi de France était Louis d'Outremer. Il est confondu ici avec Louis le Pieux, roi faible et incompétent dans les chansons de geste.

MARCENT : Fille d'un chevalier gouverneur de Bavière. Concubine d'Ybert de Ribemont, mère de Bernier. Elle meurt dans l'incendie du monastère d'Origny.

RAOUL DE CAMBRAI : Fils de Raoul Taillefer et de dame Alaïs, neveu du roi de France. Il est tué par Bernier lors de la bataille d'Origny. Plusieurs seigneurs d'Ostrevant ou de Cambrai portèrent ce nom. L'un d'eux pilla les terres de l'abbaye de Saint-Quentin en 895. Un autre envahit le Vermandois en 943.

RENIER : L'un des fils de Gerri, tué par Bernier.

YBERT DE RIBEMONT : Fils aîné d'Herbert de Vermandois, père de Bernier.

BIBLIOGRAPHIE

Editions du texte :

Raoul de Cambrai, chanson de geste publiée par P. Meyer et A. Longnon, Paris, S.A.T.F., 1882.

Li romans de Raoul de Cambrai et de Bernier, publié d'après le manuscrit de la Bibliothèque Nationale par Edward Le Glay, 1832-1848, Genève, Slatkine Reprints, 1969.

Etudes :

Reto R. Bezzola, *De Roland à Raoul de Cambrai*, Mélanges Hoepffner, 1949, p. 195-213.

O. Jodogne, *Sur l'originalité de Raoul de Cambrai*, « Technique littéraire des chansons de geste », Actes du Colloque de Liège, Paris, Belles Lettres, 1959, p. 37-58.

Pauline Matarasso, *Recherches historiques et littéraires sur Raoul de Cambrai*, Paris, Nizet, 1962.

Adaptations et traductions :

Claudius La Roussarie, *Raoul de Cambrai, chanson de geste du XIIe siècle, renouvelée...*, Paris, S.F.E.L.T., 1932 (tentative un peu discutable de conserver le maximum d'archaïsmes, quitte à en fabriquer pour « faire médiéval »).

Paul Tuffrau, *Raoul de Cambrai, chanson de geste du XIIIe siècle, renouvelée...*, Paris, l'Artisan du livre, 1924. (L'auteur qui a adapté plusieurs textes du Moyen Age prend de très grandes libertés avec son modèle et donne une idée un peu inexacte de la chanson.)

R. Berger et F. Suard, *Histoire de Raoul de Cambrai et de Bernier le bon chevalier, chanson de geste du XIIe siècle*, « Trésors médiévaux du Nord de la France », Corps 9, La Ferté-Milon, 1986 (traduction intégrale de grande qualité, introduction historique de Michel Rouche).

Vidéographie :

La Geste de Raoul de Cambrai, doc. VHS couleur de vingt minutes, de Danièle Duranti et Marc Terziel, CNDP, 1978.

TABLE DES MATIERES